别说你懂统计学

[英]安东尼·鲁本 著

胡小锐 译

中信出版集团 | 北京

图书在版编目（CIP）数据

别说你懂统计学 /（英）安东尼·鲁本著；胡小锐译. -- 北京：中信出版社，2020.11
书名原文：Statistical: Ten Easy Ways to Avoid Being Misled by Numbers
ISBN 978−7−5217−2091−4

I.①别⋯ II.①安⋯ ②胡⋯ III.①统计学 – 通俗读物 IV.①C8–49

中国版本图书馆CIP数据核字（2020）第139743号

STATISTICAL: TEN EASY WAYS TO AVOID BEING MISLED BY NUMBERS
by ANTHONY REUBEN
Copyright © ANTHONY REUBEN, 2019
This edition arranged with INTERCONTINENTAL LITERARY AGENCY LTD(ILA)
through Big Apple Agency, Inc., Labuan, Malaysia.
Simplified Chinese edition copyright © 2020 by CITIC Press Corporation
All rights reserved.
本书仅限中国大陆地区发行销售

别说你懂统计学

著　者：[英]安东尼·鲁本
译　者：胡小锐
出版发行：中信出版集团股份有限公司
　　　　　（北京市朝阳区惠新东街甲4号富盛大厦2座　邮编　100029）
承　印　者：天津丰富彩艺印刷有限公司

开　本：880mm×1230mm　1/32	印　张：7.25	字　数：120千字
版　次：2020年11月第1版	印　次：2020年11月第1次印刷
京权图字：01-2020-3715		
书　号：ISBN 978−7−5217−2091−4		
定　价：49.00元		

版权所有·侵权必究
如有印刷、装订问题，本公司负责调换。
服务热线：400−600−8099
投稿邮箱：author@citicpub.com

献给苏珊、艾萨克、艾米丽和博阿斯

目 录

引 言 威力巨大的问题 *III*

1 调查 *001*

2 民意调查 *025*

3 成本 *045*

4 百分比 *069*

5 平均数 *089*

6 　大数字　*109*

7 　相关性与因果关系　*129*

8 　需要警惕的高危表述　*147*

9 　风险和不确定性　*169*

10 　经济模型　*191*

结　语　但是我真的需要这个数字　*209*

致　谢　*213*

引 言

威力巨大的问题

统计数据无处不在,避无可避。只要打开报纸,我们很快就会看到一些与数字密切相关的内容——可能是一个关于人们对美国总统的看法的民意调查,可能是显示工资变化的最新数据,可能是介绍英国正在经历的创纪录的高温,也可能是英国国家健康体系(NHS)的负责人在陈述他们为何需要更多的资金。总之,我们每天都会和统计数据打交道。

不仅新闻如此,你所在公司开出的工资可能会表现出性别差异;你的孩子所在的学校可能会向你通报学校今年的资金情况;你的朋友们可能正因为谁是英国有史以来最伟大的击球手,或者应该买汽油车还是柴油车而争论不休……而且,此时此刻,你可能正在为不同的贷款方案纠结或者因为今天出门要不要带伞而犹豫不决。

目光所及,到处都是数字,但并不是所有数字都值得相信。你刚刚在社交媒体上看到的那个数字非常吸引人——它似乎没有任何水分，而且与你的观点一致，你可以利用它来说服你的朋友。你看到有人说薪资增长正处于拿破仑战争以来的最糟糕水平——这个说法对吗？这样比较是否公平？在你分享某个统计数据之前，你真的得质疑一下它的准确性，稍微调查一下它的来源。

遗憾的是，很多人不敢质疑他们读到的数字。你是否就是其中之一呢？即使是非常优秀的记者，面对统计数据也会信心不足，不会像调查其他证据那样去调查它们。当数字以某种方式呈现在眼前时，政客、学者以及其他各行各业的人都难以轻松自如地理解其中的含义。你会发现，研究人员在向政府大臣或节目主持人介绍统计数据时，经常会头疼不已，不知道如何帮助他们理解这些数据。我们可能不会轻易接受别人的观点，但是，即使是敢于质疑新闻真实性的人，在听到新闻中的数字时，也会毫不怀疑地欣然接受。在通常情况下持怀疑论的人面对调查结果时，也会毫不犹豫地点击分享按钮，根本不会去考虑它是否可靠。

这在一定程度上是因为人们无法接受"文（字）盲"，却可以接受"数（字）盲"。我已经记不清同事和朋友有多少次在我面前说他们遇到数字问题就不知所措，但我很少听到有人承认自己的文字组织能力欠缺。我们将某些工作归类为计算类（包括会计、火箭科学家、精算师），认为从事其

引 言

他工作的人根本不需要掌握处理数字的能力。

根据我的经验，导致我们在数字上犯错误的原因通常不是数字本身，而是描述数字的文字。这对你来说是一个好消息，因为这意味着这些错误并不是那么难以纠正——与文字相比，数字往往更令人头疼。

但是面对数字不自信是一个大问题，因为不可靠的数字非常多，我们很容易被误导。有的数字是在故意误导你，让你错以为它们支持某个观点；有的数字则并无此意，而是因为提供这些数字的人不敢或者不知道如何核查它们的真实性；还有一些数字是人们随意炮制的，只是为了让他们的话看起来更权威可信。

如果不理解数据，你就很难了解你们国家当前的状况。如果你对你们国家的人口、每年的失业人数、移民人数或出国人数没有一个大致的概念，那么很多政治观点对你来说就毫无意义。如果你不知道英国有两种截然不同的犯罪统计方法（一种以调查结果为准，另一种依据的是警方犯罪记录），那么在观看首相问答时看到首相声称犯罪正在减少，而反对党领袖则声称犯罪正在增多，你就会感到困惑不解。当反对党领袖声称公共服务极度缺乏资金，而首相又说投给公共服务的资金达到了历史新高时，你需要知道，公共服务资金数目创造新高是正常情况，否则将难以应对人口的不断增长和通货膨胀。

统计数据并不可怕。如果你会加、减、乘、除，那么你已经拥有了质疑身边数字时需要用到的常用工具。这本书将告诉你，如果你听到的数据让你心存疑虑，你还可以借助哪些工具来处理这些数据。

以2018年英国塑料消费报告为例。2017年年底，戴维·艾登堡（David Attenborough）的《蓝色星球Ⅱ》使很多人对塑料垃圾忧心忡忡。随后，英国政府就是否应该禁止使用一次性塑料吸管进行了磋商。一项研究称，英国人每年使用420亿根一次性塑料吸管。检验这个数据的真实性是一件相当艰巨的任务，因为进行市场调查并把欧盟统计数据根据经济产出水平分配到欧盟各国头上，将涉及各种各样有趣的背景材料，需要很长的时间才能再现这个数据。而且，既然我们知道英国人非常喜欢使用吸管，知道吸管的使用量惊人，那么我们为什么不能欣然接受这个数据呢？

原因很简单，只要把吸管数量除以英国人口（6 500万多一点儿），你就会发现这份报告表明英国人平均每人每年消耗大约650根塑料吸管——几乎是每天2根。在我家购买可重复使用的硅胶吸管之前，孩子们动不动就会使用一根塑料吸管，但即便如此，他们也很难一年用完650根吸管。这并不是说禁用塑料吸管的政策是错误的，也不是说我们无须

引　言

担心一次性塑料用品的问题，而是说不可靠的数据分散了人们对环境信息的关注。

无须考虑如何推翻这个说法背后的统计方法，我们就已经清楚地知道是否应该相信它了。这也是我创作本书的目的。

本书将分为10章，通过讨论人均使用吸管数量这类简单问题，教会大家轻轻松松地质疑身边的数字。要掌握这项能力，关键是遇到我们有所怀疑的数据时，我们应该思考一个对新闻从业人员来说威力巨大的问题。这个问题就是我送给所有读者的一份厚礼，包括那些站在书店里浏览本书引言部分的读者。

它不同于你会问政客或企业高管的那些问题，例如"你会辞职吗"。这类问题在某些情况下确实能起到很好的作用，但在看到、听到或读到一则新闻时，思考这样的问题对我们的帮助并没有那么大。

在这种情况下，你应该思考的这个威力巨大的问题是：

这个数据合理可信吗？

这是我的父亲（一位科学家）教给我的，让我在检查作业时使用。他告诉我，你无须重复计算过程，只要看一下最初的问题，然后估计一下答案应该是什么，就能大致知道你的答案是否正确。

当你准备质疑数字的真实性时，这个了不起的洞见就会对你很有帮助。许多人害怕数字，因为他们认为自己必须精确到小数点后三位。其实不然，除非你从事的是独创性研究，并且需要得出具体数字。否则，我们只要知道数字是否在它合理的大致范围内，就可以确定我们是应该相信它还是进一步研究它的可靠性。

这个问题之所以有如此大的帮助作用，是因为我们在研究某个问题时，所使用的数字必须非常精确，但是在判断某个数字是否合理时，我们所使用的数字就没必要那么精确。你可以使用在网上找到的旧数据，也可以使用人们在酒吧里告诉你的数据，或者你头脑中的一些模糊概念。总而言之，你要确定这个数字看上去是否可疑，看看是进一步调查这个数字还是应该寻求专家的帮助。

以2010年6月《每日电讯报》的一个著名的新闻标题为例："公共部门养老金每年花掉你4 000英镑"。文章称，未来5年，英国家庭为公共部门养老金支付的费用将升至每户每年4 000英镑。

要确定这个数字是否合理，你会怎么做呢？如果你想知道这个数字是否精确，那么你首先要知道公共部门养老金的

引 言

总成本，然后除以家庭数。不过，如果你能不假思索地说出这两个数字，可能就不需要继续读这本书了。

更好的做法是找出家庭平均年收入的合理估计值。你甚至可以用你自己的家庭收入作为估算结果，除非你认为自己非常富有或非常贫穷。

这样的估算有很多，但只要你使用的估计值与27 000英镑相去不远，就没有问题。

现在考虑这么多的收入需要缴纳多少税。你可以精确地计算出结果，也可以进行粗略计算。考虑到某些收入无须缴税，所得税和国民保险加在一起应该约占家庭收入的20%。即使你的估算结果与这个值稍有偏差，也没有任何关系。关键是根据你最终得到的数字，你缴纳的税费不会远远超过4 000英镑。因此，如果每个家庭都要在公共部门的养老金上花那么多钱，那我们不禁要问，需要政府提供资金的英国国家健康体系、教育以及其他服务该由谁埋单呢？

显而易见，这个数字不是那么合理可信。事实上，当天晚些时候，《每日电讯报》将其网站上的新闻标题改为"公共部门养老金每年花掉你400英镑"。

只需要一点儿基础数学知识——用一个数除以另一个数，然后换算成百分数，就可以很容易地算出某个数字是否准确。

我们几乎不需要做多少算术，也不需要使用极其复杂的数学概念。只要你在适当的时间听到头脑中响起的警报，就可以产生适度的怀疑，并在必要时寻求专家的帮助。下次再看到新闻报道中说风险在不断增加或者经济面临崩溃威胁，你也不会胆战心惊了。掌握了这个作用巨大的问题，你就可以无忧无虑地生活，不会被可疑的统计数字和不实说法所误导。

一天早上，我出门时似乎要下雨，于是我准备回家穿雨衣，但手机上的天气应用程序告诉我下雨的可能性为零。结果，我在公园散步时下起了雨，我被淋成了落汤鸡。如果当时我敢于用那个极其重要的问题帮助自己做出判断，就不会淋雨了。

这不仅仅是避免被误导或避免淋雨的问题。敢于质疑同事和朋友的统计数据，还会给我们带来乐趣。在竞争激烈的就业市场中，如果你是那个敢于质疑报告中数字可信度的人，你就会脱颖而出。我经常用"数字狂"来形容自己——现在，你也可以成为你所在圈子里的数字狂。你会发现数字很有趣，可以给我们带来极大的满足感。

我还经常和一群人一起，处理超出我的能力之外的数字问题。我在担任英国广播公司（BBC）统计部门负责人时，曾受邀参加在牛津举行的为期一天的会议，讨论是否应该设立一个全球性的统计机构。到达现场后,我发现出席这次会议的一共有20个人,他们要么是某个国家的统计局局长,要么拥有教授、爵士或诺贝尔奖得主这些头衔,只有我一个例外。主办方邀请我可能只是单纯为了凑数,尽管在这样的圈子里,这通常会令人不舒服。当大家依次做自我介绍时,我注意到一个现象:一个人越重要,他的自我介绍就越简短。在场的每个人都知道"哥大的乔"是谁(他就是约瑟夫·斯蒂格利茨,诺贝尔经济学奖得主)。而我的自我介绍则是"BBC的安东尼",并补充说"我代表所有用户出席这次会议"。

本书也是为所有数据的用户创作的,尤其是那些非自愿用户。无论是否乐意,我们都是统计数据的使用者,我们每个人都要敢于质疑我们听到的数字。在此,我要告诉你的是,其实你已经拥有了质疑日常生活中各类数字所需的大部分技能。

1

调 查

有罪推定

只要打开报纸,你就至少会看到一篇基于调查的报道。我每次打开邮箱,也至少会看到一篇这样的报道。它们声称能告诉我英国工人的想法,或企业领导人的想法,或哪些动物在某个国家最受欢迎。先说明一点:我信奉有罪推定原则,即在证实可信之前我认为所有调查都不可信,这是因为我们遇到的最可疑的数据就来自调查。但调查的可信度有高有低,彼此差距很大。有的调查假到令人难以置信,数据来源就是7个人,而且这7个人还不太可能坦诚地表达他们在这个问题上的观点。有的调查则可以提供非常可靠的数据,有助于深入了解某些难题的真相。

英国最值得关注的官方统计数据之一是通过大型调查得出的月度失业数据,而美国劳工统计局进行的调查规模更大。我们必须学会甄别哪些调查可信,哪些调查不可信。一些关于大众想法的笼统陈述像煞有介事,但它们重要与否,取决于人们是否相信它们。

我最"喜欢"的一项可疑调查开门见山地提出:"周六晚上的派对平均花费最高可达118.29英镑。"注意,作者把"最高可达"(up to)和"平均"(on average)这两个表述放到一起,然后给出了一个毫无意义的数字。而且,这一数字的高度精确性也值得注意。从下文可以看出,我们无法证明它的真实性。

这个数字是通过假设邀请4名客人(主要是女性)观看《舞动奇迹》或《英国偶像》,根据购买茶点招待宾客的费用计算出来的。人均消费为:11.24英镑用于买酒,10.92英镑用于买外卖,6.23英镑用于买零食(这笔钱可以买很多薯片和蘸酱),6.32英镑用于买软饮料。用于购买软饮料的这笔费用似乎特别高——我觉得这么多的钱应该能买到大约8升碳酸饮料,即使你三天没喝水,这也足以帮你解渴了,更不用说你还喝掉了至少8罐啤酒或者一两瓶葡萄酒。但我最感兴趣的还是外卖的成本,因为那篇新闻稿称,这项成本是根据调查加的夫、伦敦和曼彻斯特三地的中餐馆以及法夫、诺丁汉和伯恩茅斯三地的印度餐馆的四人份套餐价格的"案头研究"计算出来的。

但最让我怀疑的还是他们通过调查取得的一个发现:"受《英国偶像》中评委的绚丽服装和《舞动奇迹》中奇装

1 调 查

异服的影响"，55%的女性为了看电视节目购买了一套新衣服，"其中最贵的服装价格高达100英镑"。这样的调查实在是太糟糕了!

在本章的后半部分，我将介绍一些我最"喜欢"的可疑调查。下一章，我还将讨论一些关于选举的民意调查。首先，我简单介绍一下如何判断调查是否像我们以为的那样可信。

假设你希望了解你们国家的人对猫的看法，你会怎么做呢？最准确的方法是询问这个国家的每个人对猫的看法。你需要设计一些关于猫的问题，然后发给数百万人，还要确保他们都会回答这个问题。英国的人口普查就是这样实施的。每家每户每十年都会收到一份问卷，依照法律他们必须完成这些问卷。因此，你可以在人口普查中加入一些关于猫的问题。但问题是，人口普查是一项耗资颇巨的工程，需要很长时间才能完成，所以你要等上几年才会知道人们对猫的看法。但是因为一些非常紧急的、和猫有关的原因，你需要在本周就知道答案。

这就是人们做调查的原因。如果你能找到一个特征与整个人口相同但规模较小的群体，那么调查这个较小的群体，你就能了解全国所有人是怎么想的。要想完满地实现这个目的，难度非常大，但人们一直在做这种尝试。如果你担心自己被某个调查结果所误导，不妨考虑以下5个问题：

- 调查从何而来？
- 调查询问的问题有哪些？
- 调查询问了多少人？
- 他们是合适的询问对象吗？
- 调查机构是否根据调查结果得出了合理的观点？

调查从何而来？

这个问题分为两个部分：谁是调查的执行者？调查的出资者又是谁？

这两个问题的答案不会让你直接取消这项调查，但它们会使你提高警惕，让你用更审慎的眼光查看其他问题的答案。如果进行调查的是英国民意调查委员会等机构的成员，这是个好消息，因为这意味着我们更容易了解这项调查的调查方式，但这并不意味着这项调查一定可信。此外，还有一些大型研究机构的调查方式也比较合理，但它们不是这类机构的成员。因此，查看调查的执行机构并不能给我们确定的指导意见，但这是一个可以利用的捷径。

如果调查的出资方与调查结果明显存在利益关系，那么我们更应该怀疑调查的可信度。因此，如果来自某个猫砂制造商的调查称所有人都喜欢猫，我们就应该心存警惕，但这并不意味着这项调查的结论一定是无稽之谈。

我曾收到一份新闻稿，称30%的人会考虑到受过辐射影响的地方度假。这份新闻稿是一家制造防辐射设备的公司寄给我的。不过，这个数字仍有可能是真实的，切尔诺贝利也确实有可能是一个度假胜地。另一方面，新闻稿并没有详细说明他们是如何得出30%这个比例的，也没有说明是谁完成了这项研究。你会希望自己听到的新闻被这家公司影响吗？这是一个需要切实避免的问题。

另一个需要注意的重要问题是，调查机构可能会只使用自己客户的数据。例如，健康保险公司可能会使用其会员在签订保险合同时给出的答案。之所以说这是一个问题，是因为这些会员可能无法代表整个国家——首先，这些人的富裕程度就可能会导致他们不具有代表性。我在本章后面讨论调查的询问对象时，还会继续谈到这个问题。总之，对那些自身就有大量数据可用的机构完成的调查，我们要加以注意。

调查询问了什么问题？

看看你能不能找到调查询问了什么问题——如果是声

誉好的机构完成的调查,你应该很容易就能找到调查的具体问题。如果有人在街上拦住你,请你回答调查中的问题,你是能确定这些问题的含义,还是觉得它们含糊不清呢?你会觉得调查问卷在引导你给出某个特定的答案吗?如果有人问你:"你喜欢毛茸茸的、漂漂亮亮的、非常可爱的小猫咪吗?",而不是直接问"你觉得猫怎么样?",那么你在回答时更有可能表达出你对猫的好感。

BBC经典情景喜剧《是,首相》就有这样一个情景:干瘦的常务秘书汉弗莱爵士先是通过一系列问题,询问没经验的年轻助理伯纳德是否觉得年轻人的生活需要加强纪律,然后又问伯纳德是否应该恢复兵役制度。接着,他又问了好几个问题,询问是否应该强行要求年轻人拿起武器,或者给他们武器并教会他们如何杀人,最后他又询问伯纳德对兵役制度的看法。伯纳德给出的答案表明他既同意又不同意恢复兵役制度,汉弗莱爵士称之为"完美的平衡样本"。

在前面几个问题的引导下,伯纳德对最终的问题给出了两个截然相反的答案。通常,只要看一看调查者提出的问题,就可以明显地看出他们是否有将受访者引向某个特定方向的意图。

以下是一个真实的例子。2012年,在莱维森调查小组发表英国媒体标准调查报告之前,民调机构YouGov分别受

1 调 查

《太阳报》和媒体标准信托基金（MST）委托，进行了两个不同的调查。在MST的调查中，79%的受访者同意"应该依法设立独立机构，订立行为准则，处理投诉并处罚违反行为准则的记者"。这似乎与代表《太阳报》进行的调查结果相悖。在该项调查中，只有24%的受访者认为，监管媒体的最佳方式是"由议会通过法律设立监管机构，由议员们订立规则"。同一个调查机构为不同的客户进行调查，得到的结果竟然截然不同。不过，这两项调查所调查的其实并不是同一个问题。民调机构YouGov的彼得·凯尔纳解释说，两者的不同之处在于问题的表达，具体来说，第一个调查询问的是依法设立独立机构的问题，第二个调查询问的，则是由议会通过法律建立监管机构并由议员订立监管规则的问题。虽然这两项提案从本质上看是一回事，但事实证明，我们不希望议员参与媒体监管，因此提到议员，就会让受访者感到不安。

再举一个调查者询问人们是否存储养老金以帮助支付退休人员社会关怀费用的例子。想象一下你会如何回答这个问题。你可能正把钱存入养老金账户，但是在刚开始存钱的时候，你可能并没有考虑到社会关怀的费用问题。有些人给出肯定回答，因为他们确实是在存钱，而且在需要的时候，这些钱可以用来支付社会关怀的费用。另一些人给出否定回答，因为他们并不是专门为了社会关怀费用而存钱的。这个问题表意不明，所以调查结果根本不可信。

民调专家戴维·考林告诉了我另外一个例子。2008年10月，就在金融危机最严重的时候，民调机构ComRes对约1 000人进行了两次调查，询问他们对政府财政援助的看法。代表《星期日独立报》的调查问题是："用纳税人的钱救助银行合适吗？"37%的人认为"合适"，58%的人则认为"不合适"，另有5%的人回答说不知道。在同一个月内代表英国广播公司《每日政治》节目进行的调查中，同样是这些调查者询问人们是否同意"我支持政府用纳税人的钱来稳定金融体系"，结果有50%的人表示同意，41%的人表示不同意，9%的人则表示不知道。同一机构在同一个月内针对同一问题进行的两次民意调查，得到的结果却大相径庭。这可能是因为其中一个调查提到了救助银行，而人们对救助银行普遍不是很热心，另一个调查则提到了稳定金融体系，受访者就认为这是一个好主意。

你还应该考虑另一个问题：你认为人们是否会诚实地回答调查询问的问题。我收到过一份关于人们是否打孩子的调查报告。尽管调查者保证调查是匿名的，但考虑到社会不认可打孩子的行为，这意味着即使是匿名调查，人们也不太可能承认自己有这种行为。另外，我还看到过一项针对16~18

1 调 查

岁青少年的调查,其中大多数人声称学习有用的知识技能是他们的首要任务,他们对性不太感兴趣,他们真的很喜欢与家人共度时光。我想,这会不会是因为他们觉得他们的回答有可能传到父母亲的耳朵里呢?

如果调查人们是否有过违法行为,也会因为同样的问题难以得到正确的回答,从而导致调查结果不可信。

调查询问了多少人?

如果你要说的是很多人的情况,只询问一两个人的观点是没有用的。一些新闻稿在询问了区区几百人之后,就准备利用这些数据来议论全体国民。我看到过无数这样的新闻稿,数量之多,足以令你瞠目结舌。家乐氏根据100个孩子的调查数据,宣称孩子们非常喜欢他们的可可米新配方。此外,他们还宣称新配方也得到了妈妈们的认可,依据是询问200名妈妈后得到的答案。一般而言,如果你要说的是2万人以上的群体的情况,那么你需要至少有1 000人对你的调查做出回应。在化妆品广告中,我们可以看到样本极小的调查。例如,一家公司可能会说,80%的女性都认为某种唇彩让她们的嘴唇显得更丰满,这是询问43名女性后得出的结论。英国广告标准管理局(ASA)称,如果广告涉及的东西非常重要，比如某种产品是否会让宝宝不再肚子疼，他们就会更加注意并要求广告方提供适当的证据。ASA并不关心你的嘴唇有多丰满。即使一家公司在没有调查任何女性的情况下宣称自己的产品具有丰唇效果，可能也不会受到任何惩罚。

如果你准备谈论规模小于2万人的群体的情况，选取有代表性的样本的难度就会更大。例如，如果你想知道职业足球教练是否喜欢猫，你真的得询问所有教练。这是因为职业足球教练人数本来就不多，如果你只询问其中几个人，误差幅度会非常大。来看一个极端的例子——假设你是一个10人合唱团的指挥，你准备根据合唱团成员的意见，考虑下一场音乐会中你们应该演唱几首流行歌曲、几首圣诞颂歌的问题。如果只询问一半成员的意见，你就无法做出可靠的判断，因为我们没有理由认为你询问的那一半成员具有代表性——另外5名成员的观点有可能与之完全不同。唯一的办法就是询问所有人的意见。

但我们可以通过另一种方法来解决小群体问题。众所周知，要让所有职业足球教练都回答你的询问，难度极大。因此，即使只有半数教练给出了他们的答案，也是可以理解的。你可以在新闻中称："我们采访了一半的职业足球教练，发现他们大多数人都非常喜欢猫。"除了稍具随机性以外，这是一个有理有据的表述。只要你不根据这些数据宣称大多数足球教练都喜欢猫,就没有任何问题。

我曾经定期收到关于英国企业首席财务官的调查报告。每3个月,负责调查的那家企业就会联系大约100名首席财务官,然后计算并公布调查结果。这样做本来没有任何问题,而首席财务官通常不会轻易接受这类调查。所以,如果调查报告开门见山地指出"对大约100名首席财务官的调查发现……",人们就会知道他们从这份调查报告中能看到什么,也知道它不会具有严格意义上的代表性。但事实上,这些调查机构总是四处发布新闻稿,声称他们了解到了全体英国首席财务官的观点。英国有首席财务官的企业成千上万,即使你调查了若干大型企业的首席财务官,100人的调查名单也不足以让你掌握首席财务官的总体观点。相比之下,德国Ifo商业信心调查每月会收到7 000家企业的反馈,日本的短观调查(Tankan survey)每个月调查的企业超过1万家。

此外,还要注意的是,有的调查在分析结果时会超出样本大小允许的范围。例如,我就曾收到一份关于人们是否有过装病请假这种行为的调查。调查者一共调查了5个欧洲国家的2 000人。首先,这个调查和之前打孩子的那个调查有着同样的问题——你愿意承认有过这类行为吗?不过,2 000人是一个非常合理的样本大小,可以笼统地描述这5个欧洲国家的大致情况，甚至可以分析出到底是男性还是女性更有可能装病。但是，调查者不能凭借这些数据研究法国人是否有旷工的习惯（该调查认为，法国工人最有可能装病），因为他们只调查了大约400名法国人。我们将在第8章继续讨论无正当理由请假统计数据中存在的问题。

当调查的目标人群变大时，如果最少答复人数仍保持1 000不变，那么下一个问题的难度会更大。

他们是合适的询问对象吗？

选择合适询问对象的难度非常大。如果询问对象选择不当，那么有多少人接受调查就无关紧要了。即使你访问了100万个《猫咪月刊》读者，也无法了解人们对猫的普遍看法。（因为普通人一般不会订阅猫类杂志。）

记住，你需要的是一个有代表性的样本。也就是说，你询问的这一小部分人在你调查的这个问题上具有和全体调查对象相同的特点。你该怎么做呢？如果你站在人来人往的商业街上询问过往的路人，你得到的答案就会向附近居民倾斜，而这些人的富裕程度或者年龄可能高于全国平均水平，或者更有可能对猫过敏。就空闲时间而言，他们肯定不具有代表性，因为他们停下了脚步，还回答了你的问题。

1 调 查

这个问题有两种可能的解决办法,但各有不足之处。

经典做法是从调查对象中随机抽取样本,常用的做法是从电话簿随机选择号码拨打电话,直到有足够多的人(通常是1 000人)接受调查。在当今社会使用这种办法,会使调查结果向老年人倾斜,因为他们更有可能使用固定电话并接受调查。

民调机构ICM的马丁·布恩透露,在2015年英国大选之后,为了得到2 000份回复,他们随机选择并拨打了大约30 000个号码。这大大增加了调查对象在愿意接听电话、愿意接受调查这两个问题上不具有随机性的风险。既然只有相当少的一部分人愿意回答你提出的那些问题,你必须考虑这部分人是否有什么不寻常之处——也许是他们的年龄大于英国全国平均水平,也许他们对政治特别感兴趣。

许多调查公司也开始使用手机号码,但是与固定电话号码相比,手机号码在调查中使用得还比较少。在实际操作中获取随机样本的最有效方法是英国国家统计局(ONS)在劳动力调查中所采用的方法。他们随机选择一些家庭,然后派人上门调查。如果没有人在家,调查人员就直接返回。初次见面之后,调查人员就可以通过电话进一步访问了。这种抽样方式成本较高,机构委托的民意调查大多负担不起。

有望获取代表性样本的另一个办法是找一些你非常了解

的人，组成一个样本库。如果有客户找上门来，请你调查喜欢吃冰激凌的比利时全职女性在某个问题上的观点，那么你就可以直接联系样本库中的那些人。但是，你必须确保这些人在其他方面（例如比利时女性的年龄以及地理分布）具有代表性。你需要付一笔金额不多的钱，这些人才会同意加入这个样本库。互联网在线联系意味着这个样本库倾向于可以上网的年轻人。有人认为，这个做法会刺激人们谎报自己的性格特征，以增加被调查的可能性。这就导致了一个核心问题——被你列入样本库的那些人对完成调查特别感兴趣，因此不具有代表性。同样，你也不清楚应该考虑哪些特征才能保证样本具有代表性——年龄、性别、种族、收入、阶级、住址、就业状况、婚姻状况，诸如此类的特征非常多。

在随机抽样法或样本法中，调查者可以调整调查结果，以使其更具代表性。例如，如果样本中老年人的数量较少，那么你可以对老年人给出的答案进行加权处理。这样做有可能导致调查者根据自己的预期来调整结果。我们将在下一章讨论政治性民意调查时讨论这个问题。

调查机构是否根据调查结果提出了合理的观点？

如果某项调查给出的结果证明我们眼前的这个世界与我

1 调 查

们心目中的那个世界有很大的不同,那几乎可以肯定,是因为这项调查出了问题。

即使是大规模的调查也会出现不精确,甚至有误差的情况。我们将在第9章讨论这个问题,这需要在调查使用的语言中反映出来。调查并不能"表明"或"证明"任何事情,它只能"暗示"某些东西可能存在。

如果你只是希望确认你在新闻中听到的某个诱人的数字是否真的可信,那么你可能没有必要花那么大的力气深入研究它背后的调查方法。在时间较紧的情况下,你可以采取一些快捷的方法。

首先,看看调查的实施者是否有可能取得他们宣称的那些发现。受访者愿意讨论这个问题吗?接下来,看看是否有可能了解到调查的实施过程,看看调查者是否花了很大力气来确保样本真的具有代表性。再接下来,试试看能否用一句话说说他们是如何得到这些数字的。如果你能大声说出来并且不觉得荒谬可笑,那就是一个好兆头。

最值得警惕的是自选样本。如果有很多客户访问你的网站,或者有很多人阅读你的杂志、关注你的推特,你就会受到极大的诱惑,会想直接询问他们的想法,然后发布结果。只要你愿意公开你的调查过程,这个问题就会迎刃而解。你可能想知道在访问波士顿红袜队网站的那些人心目中谁是上个月的最佳球员，但是编辑们可能不会认为这些人能代表全英国人民的想法。如果警方在自己推特的关注者中进行调查，询问他们对防吐痰面罩的看法，这种做法合适吗？请问，这些关注者能代表谁？事实证明，在1 300名投票人当中，有93%的人认为这种防止嫌疑人吐痰或咬人的设备是一个好东西（媒体对这个数据进行了广泛报道），但警方推特账户的关注者有可能是全体英国国民的一个缩影吗？我认为不可能。

结合这5个问题，我们考虑近期完成的一项调查。该调查发现，56%的三四岁的儿童拥有自己的联网设备，如平板电脑、个人电脑或手机，其中平板电脑拥有者的比例达到了47%。直觉告诉我们这个比例似乎太高了，而且英国通信管理局（Ofcom）前一年的类似研究发现，这个年龄段的儿童拥有平板电脑的比例为21%。因此，让我们具体分析一下这项研究。

1. 调查从何而来？

该调查来自一家深入研究儿童和年轻人并出售研究报告的市场研究机构。这份研究报告是一份关于儿童使用媒体的大报告的一部分。调查似乎是该机构自己完成的，没有明显的原因导致他们偏向任何一方。

1 调查

2. 调查询问了什么问题?

　　调查询问的问题是"你的孩子是否有下列个人设备",并列出了一系列设备。所以,问题没有歧义。

3. 调查询问了多少人?

　　这项调查是由500名三四岁儿童的家长完成的。如果父母有不止一个处于该年龄段的孩子,软件明确告诉他们应该根据哪个孩子的情况回答问题。样本容量有点儿小,但这不足以解释平板电脑拥有者比例出现47%和21%这样大的差距。英国通信管理局的调查是由600名家长完成的。

4. 他们是合适的询问对象吗?

　　这项调查访问的家长是通过英国最大的一个在线样本库找到的,挑选时考虑到了父亲和母亲、男孩和女孩的平衡问题,也兼顾了不同的社会经济群体。与之不同的是,英国通信管理局是通过面对面询问的方式完成调查的。在线调查可能会得到更多热爱技术的家长的响应。另外,一些家长在面对面交谈时可能会不好意思承认自己三岁的孩子拥有平板电脑,但在线调查时他们可能会直言不讳。但是,很难想象这两种方法会产生巨大的影响。

5. 调查机构是否根据调查结果提出了合理的观点？

这个问题有点儿复杂。两组研究人员付出相当多的努力，采集到了人们对某个问题的答案，但他们最终得出的数字却差别巨大。这两种方法都不完美，但它们的缺陷似乎并不能解释这种差异。有时调查的结果会令人啼笑皆非，因此我们不应该太过重视这些调查结果。在找到这个巨大差异的原因之前，最好不要断章取义地参考这两个数字，也不要明确表达你对这两个数字的看法。

现在，你已经知道如何通过上述5个问题，避免受到调查的误导，这也说明你已经做好了准备，可以阅读下面的内容了。

我最"喜欢"的可疑调查

我曾在英国皇家统计学会的一次演讲中建议，应该为制造各类数字的人设立一个专门的部门。在我的想象中，这个

1 调 查

部门应该和漫画人物呆伯特①所在公司的营销部门一样,每天从早到晚开派对,每周五还会烤一只独角兽(这显然是一件好事)。他们比我开心吗?我想他们的职业生活一定和其他人一样——大多单调乏味,偶尔有几天也会令人兴奋。我每天从公关公司收到的电子邮件也是如此。它们中的大多数会被直接删除,但不时会有一些邮件有别于通常的废话,仅仅因为独创性就在我的电子邮件系统的一个特殊文件夹中占有一席之地。我现在要和大家分享的就是这个文件夹里的一些内容。我不会点出那些公司的名称,或是为了避免犯错误的相关方蒙羞,或是因为我不想为他们推销产品,尽管他们很有才华。

大额成本计算是新闻稿中的常见内容。特殊文件夹里的这些邮件告诉我,睡眠不足每年给英国经济造成370亿英镑的损失,这与糟糕的客户服务给公司造成的损失完全相同;邻里关系不佳使英国经济每年损失140亿英镑;技能短缺导致英国企业每年损失22亿英镑;工作时间观看奥运会使英国经济损失16亿英镑;尽管鲜有报道,但金融犯罪使英国经济损失520亿英镑;员工健康问题给英国经济造成的损失为

---

① 出自呆伯特(Dilbert)系列漫画,他是一位不受上司与异性青睐的男性工程师,也是一位热爱科技的发明狂。——编者注

570亿英镑，略高于培训问题造成的560亿英镑的损失；旷工每年给英国经济造成的损失则高达1 000亿英镑。

再把眼光放远一些。肌肉和关节疼痛每年给欧洲经济造成高达2 400亿欧元的损失，太阳风暴每天可能给美国经济造成400亿美元的损失，大众柴油车丑闻让某个德国品牌（就不提品牌名称了）贬值了1.91亿美元。这些大数字还告诉我们，笨手笨脚的英国人在过去5年中丢失了价值32亿英镑的结婚戒指和订婚戒指。

第3章将告诉我们这些成本计算一般都不可信的更多原因，第6章还将讨论无意义的大数字的危险性，不过即使你还没有阅读这些章节，你也能发现其中的一些问题。

一项研究发现43%的交通事故发生在上下班高峰期，新闻稿将这一数字描述为"几乎半数"。你觉得可信吗？这个数字似乎并不特别令人惊讶，因为你认为车越多，就越有可能发生交通事故。但是看一下脚注，你会发现他们统计的上下班高峰期是指工作日上午6—10点和下午4—8点。这样看来，这两个时段发生的交通事故占比反而是低得令人难以置信，新闻稿的标题应该改成"上下班高峰期发生的交通事故少得惊人"。

某招聘公司的一项调查发现，37%的人承认存在简历造假行为，这让我很纳闷：他们是如何让人们承认错误的。当

1 调 查

参与者被问及不太可能给出诚实答案的问题时,你要特别小心。一份新闻稿称:"近期一项调查表明,1/3的英国人在调查者问及关于自己的一些问题时不会如实回答。"看到这里,我不由得笑了。《圣经·诗篇》第116篇说:"我曾急促地说:'人都是说谎的!'"就自相矛盾的程度而言,两者不相上下。

一项来自某个办公大楼管控技术公司的调查表明,84%的员工认为无法调控办公室内的温度会严重影响他们的工作效率,81%的员工会因为技术先进的办公室而考虑换工作。我特别"喜欢"这类为自身利益考虑的调查。

一家制造灵车的公司报告说,91%的人在遇到送葬队伍时不知道该怎么做。但他们的调查报告没有调查普通民众,而是调查了丧葬承办人。准确地说,这份调查报告是调查了198位丧葬承办人。91%的丧葬承办人说,人们要么"不是特别清楚",要么根本不知道自己应该怎么做。这并不意味着91%的人不知道该怎么做,而是意味着91%的丧葬承办人认为人们不知道该怎么做。甚至这个说法也不一定正确,因为样本量太少。

最后,我再跟大家分享一项关于狗的调查。调查者发现,狗每年大约会看214个小时的电视,这个时长相当于两年多的《东区人》,看得最多的频道则是英国广播公司第一频道。有时候,你不仅想知道调查者使用的方法,还想知道调查到底有什么意义。

要避免被调查误导,关键在于训练自己保持警惕,让自己一听到这些调查,就在头脑中拉响警报。希望你在阅读本书时,时刻保持这种警惕心。

如果我们能本着有罪推定的原则,在证明调查确实可信之前,先认为它们是有问题的,然后考虑上述5个问题,那么我们的生活应该不会因为那些毫无意义的调查报告而受到影响。

2

民意调查

民意调查可信吗？

现在，我们已经对调查有了一定的了解。接下来，我们运用这些知识来分析政治性民意调查。在选举前后，调查者通常会问选民打算把票投给哪个政党。哪个政党在民意调查中领先是选举活动报道的重要内容之一，甚至在电视辩论刚结束后就会进行新一轮的民意调查，看看哪个政党从中受益最大。有的民意调查很有意思，但请千万不要把它们当作事实，更不要太在意某一次民意调查。

这并不是无稽之谈。在2014年苏格兰独立公投前两周，《星期日泰晤士报》公布了民调机构YouGov完成的一项民意调查。结果显示，在排除"不知道"这个选项后，"支持"独立的人以51%对49%领先。当时的英国财政大臣乔治·奥斯本宣布，如果公投结果为"反对"，就会制定赋予苏格兰议会更多权力（包括更多增税权力）的时间表。这似乎是这次民意调查直接导致的一个结果。第二天，剑桥公爵夫人怀上第二个孩子的消息取而代之,占据了头条,但英国前首相戈登·布朗随后就确定了下放更多权力的时间表。英国政府声称没有恐慌,同时宣布英国首相戴维·卡梅伦和工党领袖埃德·米利班德将不出席首相问答活动,而是前往苏格兰为"反对"独立投票造势。副首相尼克·克莱格也将北上参与活动,但他们都是单独行动,不会结伴前行。

所有这些都给BBC的新闻报道带来了挑战,因为BBC的编辑们遵循的指导方针是,新闻节目不应被某一次民意调查的结果主导。另一方面,英国政府的行为显然是对某一次民意调查做出的反应,所以新闻报道首先要报道政府的动态,然后再提到这次民意调查。这个想法确实很好。

在民调结果公布的第二天,我在BBC新闻网站上发表了一篇题为《史无前例的民意调查及其危险性》的文章,指出针对一次性选举进行有意义的民意调查的难度远大于在大选等例行选举中进行的民意调查,并分析了其中的原因。

最后,55%对45%的投票结果让苏格兰留在了联合王国。不难看出,卡梅伦、米利班德和克莱格丢下一切事务,直奔苏格兰做最后努力的行为,以及只要苏格兰人民投票反对独立就赋予苏格兰议会更多权力的做法,所有这些似乎都是单次民意调查导致的结果,尽管这中间可能还有其他一些原因。

2 民意调查

在周日举行的公投中，支持独立的人有可能占据上风，因此需要采取一些严厉措施。但是，在其他民意调查中"反对"意见仍然占优的情况下，仅对某一次调查中"支持"方在误差幅度内的领先优势就做出上述这些反应，可能就有些过头了。我们永远无法确切知道该如何应对某一次民意调查的结果，但几乎可以肯定，过于担心是不对的。

本章将着眼于选举期间的民意调查，并分析我们必须对这些调查结果保持谨慎的原因。我将具体结合下列重要问题，帮助大家深入解读这些民意调查：

- *之前的选举能告诉我们什么？*
- *投票站民意调查与常规的民意调查有何不同？*
- *民意调查的误差幅度是多大？*

之前的选举能告诉我们什么？

关于民意调查，你需要了解的内容跟调查差不多。民意调查预测的是每位国民在被问到（但不一定必须回答）某个问题时给出的回复，也就是说，预测某个选举的结果。因为不可能提前把所有人都问一遍，所以你只能询问一小部分人，寄希望于他们能代表所有参与投票的人。

我们通常看到民意调查至少会询问1 000个人的观点。完成调查的公司同样明显分成随机取样和在线样本库这两大类别。两者不同之处在于，随机取样的调查公司需要想办法选择样本，比如从电话簿中随机选择号码；利用样本库的调查者的数据库中储存了成千上万个愿意参与民意调查的人的数据，而且调查者对这些人非常了解。也就是说，在接受民意调查委托后，他们可以找到一群他们认为能代表全国民众的人。调查公司在执行这两种类型的民意调查时，都有可能在后面的环节做出某些调整。稍后我将继续讨论这些调整招致的质疑。

这两种方法主要是根据民调史上一些经典错误的经验，通过反复试验发展形成的。第一个重要案例是1936年的美国总统大选，参选双方分别是当时在任的富兰克林·D. 罗斯福与共和党候选人、堪萨斯州州长阿尔弗雷德·兰登。在这之前，美国著名杂志《文学文摘》曾几次准确预测总统大选结果。这一次，《文学文摘》杂志决定进行一次大规模的民意调查，结果得到了大约240万人的回复。先请大家想一想这次民意调查的宏大规模——它的规模之大，在民调史上可以排到前列。但即便这样说，也不足以表达调查过程的复杂性，因为他们一共向1 000万个地址发送了仿制的选票，工作量大得令人难以置信。

2 民意调查

该杂志根据美国所有电话簿、乡村俱乐部会员和汽车登记等信息，列出了邮寄地址名单。然后，他们向名单上的每个人邮寄了一张选票，请他们填写完选票后将其寄回来。有约1/4的人这样做了，这意味着工作人员需要打开240万封信件并记录其中的内容。基于这些回复，《文学文摘》杂志自信地预测，阿尔弗雷德·兰登将以57%比43%的票数获胜。读到这里，也许你很奇怪，为什么你经常听到的名字是罗斯福，而不是兰登呢？这是因为这项耗费了大量财力、物力的民意调查令人吃惊地以彻底的失败告终。最后，罗斯福以62%对38%的得票率获胜，这是美国总统选举中优势极大的一次压倒性胜利。这个经典实例说明，如果问错了对象，那么无论你问多少人都无济于事。

别忘了，事情发生在经济大萧条的尾声。当时，美国仍有大约900万人失业，电话和汽车都是奢侈品。根据电话簿、乡村俱乐部会员和汽车登记信息拟定的邮寄地址名单，实际上导致样本向比较富裕的选民倾斜。这一民意调查忽略了那些最有可能从罗斯福新政获益的人——正是罗斯福新政使美国走出了大萧条。

此外，在收到选票后，只有约1/4的人不嫌麻烦，进行了回复。事实证明，这些不嫌麻烦寄回选票的人并不能代表全体选民。

但是，乔治·盖洛普准确地预测出了1936年美国总统大选的结果。他使用的是配额法，抽取的样本也非常小。不过，他在预测1948年纽约州州长托马斯·杜威和当时在任的美国总统哈里·S.杜鲁门竞争的总统选举时却遭遇了滑铁卢。配额法依据种族、性别和年龄等人口特征，按合适的比例选取样本。例如，为了得到3 250人的投票样本，专业的调查访问员需要在一个城市找到10个40岁以下的黑人女性。除此之外，调查访问员可以自己选择访问对象。这种人为选择再次使样本产生了偏差。盖洛普预测，共和党人杜威将以50%比44%的优势获胜（第三方候选人瓜分其余选票），但事实上是杜鲁门以50%比45%的优势取得了胜利。

公平地说，当时的其他主要民调机构也预测了杜威会获胜，而杜鲁门则被普遍认为在选举中处于劣势。《芝加哥论坛报》确信杜威会赢，因此他们在提前印好的报纸上打出了"杜威击败杜鲁门"这个标题。有人拍下了杜鲁门举着这份宣布他的对手获胜的报纸的照片，把美国政治史上的标志性时刻之一留存了下来。当时，所有主要的民意调查机构都在使用配额法。这次预测之所以会失败也许是因为在那个时候，共和党人比民主党人更容易找到并接受采访。还有人指出，预测会失败是因为那次民意调查与选举之间的时间间隔太大了。在距离选举日还有两周时进行的民意调查表明，

2 民意调查

15%的人还没有做出决定,调查者认为这部分人的选票分布情况会类似已经做出决定的人。但是,杜鲁门在最后几天的竞选活动中表现得非常好,所以直到最后才做出决定的那些人被这次民意调查遗漏了。不过,我一直有点儿不相信这个说法——如果你的民意调查结果是错误的,最简单的托词就是宣称选民在选举日当天改变了主意。

在读取调查结果时,犹豫不决的那部分人需要引起注意,这就是伟嘉效应。英国广告界的一条著名广告称,10只猫中有8只猫喜欢吃伟嘉猫粮。虽然这条猫粮广告的原文是说10只猫中有8只猫的主人称他们的猫喜欢吃伟嘉猫粮,但我还是看到一些资料称这家公司被要求修改广告词,并据实反映10只猫中8只猫的主人表示他们的猫对猫粮有某种偏向性。我请英国广告标准管理局帮我找出那份裁决文件,但他们没有找到。不过,那些没有表示具有偏向性的猫主人值得注意。据我们所知,99%的猫主人可能都会说他们的猫无法分辨不同类型的罐装猫粮。调查机构可能需要询问1 000名猫主人,才能找到10只能够分辨不同品牌猫粮的猫。

试想这样一种情况:某家民意调查公司访问了1 000人,其中300人说他们会投赞成票,200人说他们会投反对票,其余的人说他们还没有决定。如果记者忽略了没有决定的这部分人群,新闻标题就有可能是"民意调查表明支持者以

60%比40%占据优势",但这并不能切实反映当前的选举情况。如果报道称支持者以30%比20%占据优势,就可以更准确地传递竞选宣传仍有广阔的活动空间这一事实。

这些人的决定对所有调查来说都不容忽视。人们往往会想当然地认为,那些说自己不知道或尚未决定的人,一旦下定决心,就会和其他人做出相同的决定,但很少有证据能证明这一点。忽视尚未做出决定的受访者往往会导致问题。

1992年,英国民意调查专家上演了一个非常著名的调查出错案例。当时,多次民意调查一致表明,工党领袖尼尔·基诺克略微领先于保守党候选人、时任首相约翰·梅杰,因此人们普遍认为将出现一个悬浮议会(hung parliament,即没有任何政党赢得总体多数席位的议会)。当时,保守党已经执政13年,英国经济刚刚结束一个很长的衰退期,银行利率超过了10%。但在这次选举中,梅杰的保守党得到了有史以来的最多选票,以8个百分点的优势赢得了普选,并在议会中保持了微弱多数的席位。

我们永远也搞不清楚民意调查出错的确切原因,但这一次,民意调查者将其归咎于三个原因。他们认为,有些人在最后关头转而支持保守党(我已经说过,我不相信这种说法——他们唯一的证据就是民调数据,这感觉就像是自己给自己的家庭作业打分一样)。他们还说人们一直不愿意承认他们会把票投给保守党，因为这么做不时尚，这就是所谓的"害羞的保守党人"（Shy Tories）现象。此外，民调机构YouGov的前总裁彼得·凯尔纳认为是抽样错误导致的，因为1991年人口普查的结果（在1992年大选后不久公布）表明，20世纪80年代，英国工人阶级急剧萎缩，中产阶级迅速增长，而且这二者的变化速度之快都超出了原先的估计，这意味着调查公司使用的抽样设计偏离了保守党。

戴维·卡梅伦领导的保守党在2015年赢得了总体多数席位，民意调查同样没有预测到这个意想不到的结果。民意调查预测，这将是一场势均力敌的博弈，但最后的结果却是保守党赢得了36.9%的选票，而工党只拿到了30.4%的选票。选举民调的事后分析认为，问题同样出在抽样上。民调公司抽取的样本明显偏向工党，因此不具有代表性，而对原始数据的调整又没有解决这个问题。该报告还指出，尽管英国大选的民意调查也有过与2015年一样不准确的案例，但它并没有受到那么多关注，因为它仍然正确预测出了获胜方。

民意调查的另一个日益严重的问题（我在上一章讨论调查时提到过这个问题）是你需要给很多人打电话，但不知道他们当中的谁会对你的民意调查做出回应。某个民调机构说他们需要随机拨打大约3万个电话，才能得到2 000个回应。如果说约1/4的回应率导致《文学文摘》在1936年完成的民意调查出了问题,那么约1/15的回应率显然应该引起关注。做出回应的人对接受调查的兴趣过于浓厚,因此不具有代表性,这个问题也有可能导致调查在其他方面发生偏倚。

如果说为了1992年预测失败辩解的流行语是"害羞的保守党人",那么2015年的流行语则是"懒惰的工党人"(Lazy Labour),指那些告诉民调机构自己将投票给工党的人前往投票站的可能性低于那些表示将投票给保守党的人。民调机构还高估了年轻选民参与投票的可能性。民调机构收到原始数据后,都会想办法针对这些情况进行一些调整。比如,如果某个特定年龄段或某个特定地区的人做出的回应太少,为了在调查结果中反映出这种情况,民调机构会做出一些调整,对这些代表人数不足的群体做出的回应赋予更高的权重。另外,民调机构还有可能根据他们是否认为受访者真的会前往投票站,甚至有可能根据他们是否认为受访者在撒谎,对受访者的回应做出调整。问题在于,调查机构在做这些调整时,一个依据是以往选举积累的经验,还有一个依据是民调机构对结果的预期。这有可能激发民调人员的群体思维,进而诱导他们调整自己的调查结果,使之与竞争对手的调查结果相一致。不过2017年的情况并非如此,当时的民调结果呈现出较大的范围差值,尽管总体而言,它们都夸大了保守党得到的支持,同时低估了工党得到的支持。

2 民意调查

以往选举的经验非常重要，因此公投等一次性选举会面临严峻的挑战。例如，虽然你可以准确地预测大选的投票率会有多高，但你很难预测有多少人会就是否应该修改投票制度参与投票。我们也很难预见公投中是否会出现"害羞的保守党人""懒惰的工党人"及类似现象——对苏格兰独立投"反对"票或对英国脱欧投"支持"票是否不合时宜？此外，由于公投通常只有两种可能的结果，如果预测错了，即使结果非常接近，场面也会很难看。

我说公投通常只有两种可能结果，但在英国脱欧公投期间，我和"现实核查"小组在英国广播公司当地电台回答听众询问时，确实被问到了第三种可能的结果。我们在威斯敏斯特的播音室里待了一天，给每个电台安排了20分钟的询问时间。这项活动很有意思，听众提出的最有水平的一个问题是，如果投票非常接近怎么办。4 650万选民中有3 360万选民参加了投票，出现平局的可能性小得惊人，但可能性极小的事情有时也会发生。我不知如何作答，所以我要求跳到下一个问题，同时告诉他们我回头会给他们一个答案的。但我给出的答案是没有答案——对于出现平局后该怎么办的问题，怎么回答都不合适。严格来说，由于脱欧公投没有约束力，最终必须由政府做出决定，但政府将面临一个尴尬的局面。

我们知道，如果地方选举出现平局会怎么样——2017年，一个诺森伯兰郡议会席位的选举就出现了平局。在这种情况下，就得由选举监察来决定如何打破这种僵局。那次选举在两次重新统计选票之后，决定通过抽签的方式决出获胜者。不过，他们也可以采用抛硬币、抓阄或其他任何随机方法。但公投没有这样的程序。

因为英国首相可以掌握下议院中的多数席位，所以大选出现平局也不会有问题。我们必须搞清楚选举遵循的机制，搞清楚到底是得到最多普选选票的人获胜，还是遵循得票多即获胜的选区制度。

投票站民意调查与常规的民意调查有何不同？

你可能已经注意到，无论是苏格兰独立公投还是脱欧公投，都没有进行投票站民意调查。投票站民意调查不同于一般的民意调查，因为它访问的都是刚投完票从投票站出来的人。这意味着调查者无须担心受访者是否真的会投票。调查的目的是预测每个政党赢得的席位数量，而不是它们在英国全国范围得到的选票数。最近一次英国大选投票站民意调查是英国广播公司、独立电视台新闻频道（ITV News）和天空新闻台（Sky News）联合委托调查机构进行的。调查者通常

2　民意调查

会精心选择一些投票站。根据过去的经验,这些投票站可以准确地反映出整个国家的投票倾向。全英国共计有39 000个投票站,他们选择其中的一小部分(约140个),询问成千上万的选民(比如2010年他们询问了16 000人)。这个样本规模远大于大多数民意调查的样本,但别忘了1936年的教训,如果选择不当,样本再大也无济于事。投票站民意调查往往是针对游离席位进行的,因为这些席位经常易手,往往能决定组建政府的成败。

最近的投票站民意调查保持了比较好的记录,与常规民意调查的一贯表现差不多,尽管1992年的悬浮议会预测出了纰漏。1987年的投票站民意调查预测没有那么准确,但仍然成功预测出了获胜者。在最近四次大选[①]中,投票站民意调查取得了不错的成绩,成功预测了2005年工党的多数席位,以及2010年将出现悬浮议会、自由民主党的支持率将低于预期等。2015年,投票站民意调查还预测保守党的支持率将远高于预期。尽管调查没有预测到保守党将赢得总体多数席位,但成功预测到苏格兰民族党的席位数将大幅增多,以及自由民主党的支持率将大幅下跌。(看到这个预测结果时,自由民主党前领导人帕迪·阿什顿称,如果这次的投票站民

---

① 本书英文版出版时间为2019年。——编者注

调结果是正确的,他就当众吃下他的帽子。)后来,在议会质询时,有人送了他一个帽子形状的蛋糕。2017年,投票站民意调查成功地预测到,保守党的支持率将低于预期。

投票站民意调查的目的是确定各政党得票数此消彼长的动态。这样,调查者就可以根据走出投票站的部分选民(事实证明,在以往的调查中这些人具有代表性)的回应,判断某个政党得到的票数将多于或少于上一次选举。如果像公投那样没有历史数据可供参考,调查的难度就会大大增加,而且在胜负未料的情况下也不值得去冒险了。

此外,我们还要记住,投票站民意调查只询问那些在投票站投票的人,所以通过邮寄方式参与投票的人不会被统计在内。

民意调查的误差幅度是多大?

因为民意调查都离不开样本,所以和调查一样,它们也有误差幅度。如果你的民意调查是在1 000个完全随机回复的基础上完成的,你就有95%的信心确定误差幅度在正负3个百分点之间。因此,如果调查发现,在一个"是"与"否"必选其一的问题上,选民正好分成人数相当的两个阵营,那么支持"是"的真实回应很可能是47%~53%。因此,

2 民意调查

很明显，如果你看到的是一场势均力敌的竞争，就不应该过度解读一两个百分点的领先，比如之前提到的苏格兰公投。

如果你调查了2 000人，误差幅度就会变成正负两个百分点。但前提条件是你的抽样方法没有任何问题，没有抽样误差。如果事实证明只有约1/4的人对调查做出了回应，或某一方的支持者在谈到这次选举时要热心得多，或支持某一方的关键群体很难联系，那么误差可能会大得多。此外，对原始数据加权以增加代表人数不足的群体的影响力，也会增大误差幅度。

严格地说，这些误差幅度仅仅是指使用随机样本而不是样本库的民意调查。为了使样本具有随机性，被调查人口中的每一个成员成为样本的一部分的机会必须均等。我们知道，在线样本库就不具有这个特点，因为不是每个人都能上网，而且样本库需要人们决定是否参与，而不是通过随机选择形成的。进行此类调查的公司正在想方设法解决其中的不确定性。

另外，务必确保你看到的民意调查是由声誉良好的机构执行的，而且该机构有一套防止严重滥用民意调查的规范。和调查一样，这套规范也会禁止调查者利用措辞误导或鼓励受访者以特定方式回答问题。由英国全国性报纸在选举期间委托进行的民意调查，其执行机构通常为英国民意调查委员会成员，他们的调查方法应该是公开透明的。民调公司通常在竞选期间努力做得更好，因为这也是对民调公司声誉的一场考验。

英国广播公司从不在民意调查中询问人们打算如何投票，但它会和其他几家广播公司一样，在大选期间委托调查机构进行投票站民意调查，询问人们刚刚把票投给了谁。

因此，如果你看到若干声誉较好的民意调查都表示某一方以大约70%比30%的票数领先，那么你就可以相当有把握地说，这一方将会获胜。从前文讨论看，对爱尔兰堕胎合法化公投进行投票站民意调查是有风险的，但调查结果绝对令人信服。如果你看到若干民意调查称某一方取得了51%比49%的优势，那么你最好认为双方势均力敌。除此以外，民意调查无法就这场对垒提供更多的信息。

脱欧公投就属于这种情况——在投票前的几天里，民意调查没有给出一致的结果，有的显示"留在欧盟"仍然略微领先，有的显示"脱离欧盟"略微领先，还有的则显示两者的支持率不相上下。在势均力敌的竞选中，民意调查无法起到更大的作用。这确实令人沮丧，但这是事实，我们必须认识到这一点。正因为如此，英国广播公司的编辑指南（网上可以公开查阅）指出，不得盲目相信民意调查。

以往的选举告诉我们，要想在竞选宣传活动中准确地选取样本测试民意,难度非常大,常见错误有:询问的人很多,但在社会上留下了大片空白区域;让民调人员选择访问对象;忽视双方支持者可能存在的差异——比如他们是否会告诉调查人员他们将把票投给谁,或者投票日当日是否会前去投票等问题。

了解民意调查的进行方式,有助于搞清楚它是否可靠,以及其所问的问题是否合理以及表述清晰等问题。另外,请确保你知道组织者是如何处理那些尚未做出决定的选民的——如果直接忽视他们,假设他们最终会做出和其他人一样的决定,就会导致错误发生。

最后,不要让民意调查影响到你是否参与投票、把票投给谁的决定,尤其是在那些民意调查告诉你双方之间的差距接近误差幅度时——否则,等到你发现它们并不准确时,悔之晚矣。

3

成本

牢记一条：成本计算不可信

大家想象一下伦敦下雪的场景。雪不大，并不是气候寒冷的加拿大、挪威或苏格兰那种令人担心的暴雪，但地面上也有几英寸①厚的积雪。

交通系统已经部分瘫痪，但你还得去上班。不管你是怎么看待记者这个行业的，现在都请你假设自己就是一名记者，在雪地里步行几英里②后，你来到报社的办公室，正好赶上编辑晨会。

你的编辑是一个干瘪的老家伙。他看着窗外说："外面雪下得真大。我敢打赌，英国经济会受到很大的损失。"随后，他转向你，让你去调查一下，看看经济损失到底有多大。

许多记者都有过这样的经历。编辑们经常会下意识地询

---

① 1英寸≈2.5厘米。——编者注
② 1英里≈1.6千米。——编者注

问损失有多大。我们以2009年2月2日《每日电讯报》上的一篇文章为例。选用这篇文章，不是说它和报道同一事件的众多其他文章相比更加糟糕，而是它很好地展示了它的作用机制。

文章的标题是："大雪纷飞的英国：混乱可能导致英国经济损失30亿英镑"。数据来源于英国小企业联合会（FSB）。该组织发出警告，称这场大雪将使英国经济在周一和周二两天内损失12亿英镑，本周剩余时间损失较小，损失总额将达30亿英镑。

这个数字是怎么计算出来的呢？文章说，它由小企业联合会"基于以下假设计算得出：由于天气原因，周一有20%，也就是640万人没有上班，而银行每歇业一天，就会让英国经济平均损失60亿英镑"。

经济学家认为，英国银行歇业一天的成本是60亿英镑，因为这个数字是他们之前计算出来的（我们随后将继续讨论这个问题）。而他们又知道，只要是银行的歇业日，那么所有人都是不用工作的。但这对于任何记者、护士、警察、超市员工、运输部门职工以及很多其他行业来说，显然是一个令人吃惊的想法。目前尚不清楚"20%的人不能上班"这个说法从何而来，但经济学家认为，1/5的人不能上班就意味着这场降雪造成的损失是银行歇业成本的20%。

我们应该相信吗？降雪成本这个例子很好地说明了编辑

们青睐的成本计算方法是多么的不可信。我已经和这种计算方法抗争多年了。我将在本章告诉大家，任何指出某个事物成本是多少的新闻可能都不可信。记住，我说的是成本，而不是价格。毫无疑问，如果我去本地商店买一块巧克力，我就会知道它的价格——货架上就标有价格。但是，生产那块巧克力并将它摆到货架上需要花费多少钱则是另一回事，这并不是一门精确的科学。

本章将逐一讨论在看到任何成本数据时都需要了解的三个内容：

- 对经济造成的损失指什么？
- 我们说的是总成本还是额外成本？
- 生意场上可疑的成本计算。

对经济造成的损失指什么？

我们继续以降雪成本为例。完成成本计算后，我们不由得想到一个问题：银行歇业一天就会造成60亿英镑的损失，这合乎情理吗？如果你把英国经济的所有产出都加起来，就会发现英国每年的国内生产总值（GDP）大约为2万亿英镑。一年大约有252个工作日，所以每天的产出是80亿英镑，但在2009年《每日电讯报》发表这篇文章时，英国每天的产出接近60亿英镑。

认为银行歇业就会导致英国全国的经济产出几乎全部清零的想法有道理吗？目前，英国经济的一个根本问题是生产率（每小时工作产出）低下，所以不时地给人们放一天假也许有助于提升他们在其余时间里的工作效率。此外，对某些经济领域而言，银行歇业是一件令人高兴的好事。如果你在马盖特海滩卖冰激凌，银行歇业会让你的生意赔钱这个说法肯定会令你笑掉大牙。

也就是说，这种计算方法是从一个可疑的数字开始，将其除以5，然后就得出了降雪给经济造成的损失金额。但这种计算还有一个更严重的问题——想当然地认为降雪对经济没有任何好处。正如银行歇业对卖冰激凌的人来说是一件好事，降雪也有对经济有利的一面（尽管对卖冰激凌的人来说可能没有好处）。

当我们说某个事物对经济有利或不利时，意思是指它们会提升还是降低GDP水平。GDP是衡量经济体生产总量的指标。很明显，经济体的某些部分会因为降雪受到损失。假设你在桑德兰经营一家汽车厂，工人每天三班倒。如果因为工人上不了班或零部件无法交付导致你减少一个班次，那么这毫无疑问会造成你的损失。

3 成 本

但是，这种情况在英国经济中并不多见——英国GDP的79%来自服务业。如果你是理发师，那么即使星期一或星期二不能开业，也无须担心，因为被取消预约的那些人仍然需要理发。在接下来的一周左右的时间，你可能需要加班，但你不会损失整整两天的收入。越来越多的人可以在家工作，即使他们孩子的学校因下雪而停课。这并不是说人们不上班不会对英国经济造成麻烦——如果你的工作是把冰激凌出售给在中心市区上班的办公室工作人员，你当天的收入可能就会减少，你的客户也不太可能为了补偿自己就在未来几天的午餐里多吃一份冰激凌。但对英国经济来说，这个问题已经不像英国更依赖制造业时那么严重了。

接下来，我们看看降雪会给GDP带来哪些好处。如果地方政府在安排人手铺撒盐粒、清理道路时额外付费，就会促进GDP增长。事实上，铺撒到路面上的岩盐都是在柴郡和安特里姆郡等地开采的，因此地方政府大量采购岩盐对经济尤其有利。

此外，如果人们不得不待在家里，就更有可能上网购物，从而拉动经济。冬装的销量有可能增加，在寒潮期间用于取暖的额外支出对GDP来说也是一个好消息。

假设人们因为路面结冰而撞车，他们就有可能把车开到附近的修车厂，花钱请人修理。如果保险公司就此赔付，就会通过转账的方式支付这笔费用，但没有这次事故的话，这笔钱就会落入股东的腰包，而他们不太可能花掉它。因此，这对经济来说也是一件好事。如果汽车报废，车主用保险赔付的钱购置一辆新车，还会有助于桑德兰的工厂挽回因为上班班次减少而造成的损失。

在统计学的课堂上，偶尔我也会谈到冰面上滑倒导致置换髋关节的需求量增加对经济的好处。置换髋关节的生产是英国的一个高科技产业。有人指责我冷酷无情，这是因为他们没有领会要点。对经济有利的对人不一定有利。

你可能会说，所有这些都与降雪关系不大，只是说明GDP并不能很好地反映经济状况。我们真的应该认为车撞坏后需要花钱让它恢复到原来的状况对经济而言是件好事吗？我的意思是说，降雪在某些方面会促进GDP的增长，而在另外一些方面则对GDP有害，在下雪的当天我们很难判断哪种情况属实。

如果大雪对经济产生了重大影响，那么英国国家统计局在发布季度GDP数据时就会提到这一点。在2009年的第一季度，它根本没有提到此事，所以我们可以认为这场大雪并没有给英国经济造成30亿英镑的损失。

第二年，圣诞节前一周下了一场大雪，这可是一件大事——如果你愿意，可以说这是一场完美的暴风雪。人们无

3 成 本

法去商店买礼物，准备在酒吧和餐馆举行的同事聚会也取消了。人们的采购行动明显推迟了——如果在圣诞节前一周采购商品，有可能需要全价付款，但等到节后采购，就有可能享受折扣价（当然，从时间上看太晚了）。

此外，由于那场大雪恰逢年尾，即使后来经济损失得到了补偿（也就是说，人们推迟了一周去理发），收入也会计入2011年第一季度的GDP数据。这种补偿效果甚至可能出现得更晚——英国国家统计局计算GDP数据的部门将自己的圣诞派对推迟到了次年4月，因此，相关数据将出现在第二季度的计算结果中。圣诞派对推动第二季度经济增长的情况并不常见。

2010年第四季度，英国国家统计局的确承认降雪造成了经济损失，称这一天气使该季度的GDP减少了大约0.5个百分点，这是一个相当大的打击。0.5个百分点的季度经济增量就是20亿英镑略多一点儿，所以，即使是国家统计局提到的恶劣天气，也没有造成高达30亿英镑的损失。

2018年，在"来自东方的野兽"从西伯利亚席卷而来的那几天，英国伦敦的降雪再次成为英国全国媒体的关注焦点。《观察家报》3月4日头版的标题是："严寒天气使英国经济每天损失10亿英镑"。这个干净利落的整数，与《每日电讯报》于2010年12月在其标题"英国大雪：每日经济损失10亿英镑"中的数字完全相同。

这其实并不是巧合,因为这两个数字都来自同一个来源——英国经济与商业研究中心(CEBR,2010)及其创始人道格·麦克威廉斯(2018)。麦克威廉斯在推特上指出,即使考虑到网上购物、居家上班和能源产出增加20%的影响,每天的总产出仍将减少20%。他说,这是一个"非常粗略的估计"。他告诉我,这次损失有很大一部分有望在该季度结束前得到弥补。但是,只要能弥补回来,就说明它没有对经济造成任何损失——延迟的支出仍然是支出。

不管怎么说,英国国家统计局在其GDP报告中确实提到了降雪,尽管这只是第二次提到降雪。报告称:"虽然2018年第一季度的降雪在建筑、零售等领域对GDP产生了一些影响,但总体而言影响很小。据观察,降雪对其他经济领域几乎没有影响。"所以说,损失并没有达到每天10亿英镑。

问题不在于英国小企业联合会或英国经济与商业研究中心跑去计算下雪造成的损失,而在于这个问题的提出。每当下雪的时候,编辑们似乎都有一种强烈的冲动去思考经济遭受的损失,尽管缺乏证据证明降雪对经济确有损失。某位经济学家的一条推文就足以成为一家英国全国性报纸的头版头条,尤其是8年前它的竞争对手还使用过同样的头条,这实在太异乎寻常了。

3 成 本

这不仅仅是降雪的问题，它同样适用于任何事件及其对经济的影响：火灾、地震、铁路工人罢工——在事发当天，我们并不知道这些事件会给经济造成多大损失。在2004年节礼日亚洲遭遇那场海啸、成千上万人不幸蒙难之后，我们甚至还没有弄清大概的死亡人数时，就有人在采访中提出这场灾难会给经济造成多大损失，这令我万分震惊。在这种情况下，经济损失不应该是人们关注的内容。不仅如此，为重建工作提供资金的各种援助涌入这些世界上相对贫穷的地区后还会提振经济，甚至可能弥补灾难发生时经济产出的直接损失。当然，这并不能改变它的灾难本质。

如果发生的事情对保险业来说非常重要——例如发达国家的洪涝灾害，保险公司可能早早就会估算出预期赔付金额。比起对经济造成的损失，这个估算结果可能更有用，但它仍然是一个非常粗略的估计。

如果你在事发当天就听到某次事件会造成多少经济损失，那么从道理上讲这个数字很可能不真实。无论你在地球上的哪个地方，即使当地人对下大雪有心理准备并做好了应对计划，这个数字也不可信。

这并不是说所有这类数据都没有意义。街角那家咖啡馆的老板就可以告诉英国全体人民，如果大家都不上班，他们估计会损失多少钱。也许他们可以说出与同期相比，他们当天的咖啡销量减少了多少。这一数字的优势在于，它可能是一个准确的数字，人们一听就知道某些人受了损失。它不是一个人们无法理解的毫无意义的大数字，比如30亿英镑。此外，这个数字不是凭空想象出来的。

我们说的是总成本还是额外成本？

不可靠的成本计算不仅仅是新闻头条的问题。为了说明原因，我以1990年我在埃及的遭遇为例。

16岁那年，我与以色列自然保护协会的人一起，徒步游览了西奈沙漠。前四天，我玩得很开心，但后来在一个山谷的底部，我失足踩入了两块大石头之间的缝隙中，右脚踝严重骨折。虽然那时移动通信已经存在了，但埃及政府禁止在西奈沙漠里使用它们，大概是为了防止有人想窥探他们的沙漠吧。我们让一部分人步行4个小时去最近的电话亭，另一部分人则步行到下一个营地取补给品。我们带了一名医生，但他携带的最强效的止痛药就是对乙酰氨基酚。在当时的情况下，对乙酰氨基酚起不到多大作用。

前往电话亭的那部分人找到电话后，给联合国派驻在以色列边境塔巴地区的人打了电话。他们回复乐意来接我，但要把我从山谷里弄出来显然只能采用吊运的方式，而他们

3 成 本

没有能吊运的直升机。在西奈，只有多国部队与观察员团（MFO）才拥有这样的直升机。MFO是根据戴维营协议在西奈半岛南部建立的一支维和部队。我的朋友们认为，联合国的人可能是想给MFO打电话，但问题在于联合国不承认MFO，所以塔巴的一名法国少校只好给在开罗的一名俄罗斯将军打电话，申请给附近的MFO打电话。

最终，申请通过了。MFO说他们很乐意来救我，但是天快黑了，晚上执行这项任务很危险，所以他们会在第二天早上展开行动。

第二天，在我腿部骨折19个小时后，两架直升机出现在我所在的山谷。他们必须征调两架直升机，如果只派来一架直升机，等找到我之后，燃料就不足以把我从山谷吊运出去了。两名美国军医被投送到山谷顶部，然后爬下山谷，将我固定到他们携带的金属担架上。他们自我介绍说自己是"来自宾夕法尼亚州的鲍勃和来自美国南部美丽的亚拉巴马州的迪恩"。显然，我非常高兴能看到他们，而且作为一名英国皇家空军学员，一想到要被绞车拉进美军"休伊"（美国贝尔公司生产的Bell UH-1 Iroquois直升机的昵称）直升机，我就兴奋不已。鲍勃告诉我要在绞车起吊时闭上眼睛，这样沙子就不会进到我的眼睛里，但我不可能这样做。这是一种奇怪的感觉，让我想起了第一部"超人"系列电影里的一幕，我们的英雄在半空中抓住了露易丝·莱恩，说："别紧张，小姐，我抓住你了。"莱恩说："你抓住我了——那谁抓住你了？"在我被抬入直升机后，所有士兵都感谢我，因为这对他们来说是有趣的事情。显然，我让他们摆脱了无聊的训练。只有非常特别的人才能在救了你的性命后还会感谢你给了他这个机会。

如果你看过有关越南战争的电影，你就知道休伊是什么样的。特别是，机舱两侧通常是开放的。我的安全没有任何问题，因为担架是固定在地板上的，但是没有人告诉我，所以在直升机倾斜转向时有点儿吓人。他们把我送到了以色列南部埃拉特的一家很好的医院。唯一不顺利的地方就是一艘美国海军战舰认为我们这架直升机身份不明，气势汹汹地对我们进行了一番盘问。那是1990年的夏天，海湾战争刚刚开始，所以该地区的气氛还有点儿紧张。那个告诉我们受到了美国海军盘问的飞行员说，在这种情况下，应该迅速离开。

接下来，我告诉大家为什么要在一本讲统计学的书中讲述自己少年时的冒险故事。等我回到学校后，有人问我，美国军队救我，我支付了多少钱。我告诉他那些军人没收取任何费用时，他说他们真慷慨啊。不要误解我的意思，我非常感谢那些军人，是他们把我从沙漠中拯救了出来（更不用说和我同行的那些人了，他们更是尽心尽力地为我提供帮助），

3 成 本

但是美国军人到底有多慷慨呢?

让我们列一张购物清单,来看看从西奈沙漠中营救一名莽撞的英国游客所需的成本吧。首先,两架直升机一天的费用需要一大笔钱。我之所以知道这一点,是因为在三年前的滑雪事故中我的父亲就是被直升机营救的(我为我可怜的母亲感到难过),而且我们的保险需要为那次事故埋单。那次救援和治疗几乎超出了我们旅行险的限额,所以我们知道直升机的费用非常昂贵——我们全家因为购买旅行险而得到了丰厚的回报。除了直升机本身的费用,我们还需要至少三箱燃料,因为我乘坐的那架休伊直升机在回到基地之前,还在埃拉特附近停下来加了一次油。接下来是人工费用。每架直升机需要正副两名驾驶员,加上鲍勃和迪恩,此外还有至少两名士兵在直升机上照料我,也就是说,即使不算上直升机升空后在基地为他们提供支持的人员,也至少有8个训练有素的人忙活了几乎一整天。他们给我包扎的时候使用了很多夹板、绷带和滴注液。如果把这些都加起来,营救我的费用就得有六位数了。对我来说这是值得的,但美国的纳税人会同意吗?

现在,我们换一个角度来思考。不管怎样,营救工作涉及的所有人员那天都要上班。MFO是根据国际条约拨付资金的,我不确定他们是否会接受英国青少年雇用的保险公司的赔付款。如果那天他们没有来救我,他们的训练也会用到直升机，也会用掉那些油料。现在，直升机和油料都被用来完成一项任务，我在与士兵交谈时发现这项任务似乎还提高了士气——显然，被派驻到沙姆沙伊赫后，他们的生活有点儿枯燥。因此，对美国纳税人来说，唯一的额外成本就是一些医疗用品。

因此，营救我的成本要么是数十万英镑，要么几乎为零，而且还鼓舞了士兵的士气。到底如何计算，取决于你看待这个问题的角度。这两种考虑成本的方式分别叫作总成本和边际成本。边际成本是做某事的额外成本，在本例中，就是一些医疗用品的成本。如果那天他们原来不准备动用那些设备、人员和燃料的话，那么把我从沙漠中营救出来的总成本就是几十万英镑。

你在新闻中经常能看到两者之间的这一重要区别。比如，我们经常看到新闻说某次游行示威活动的安保活动需要多少成本。那次安保活动可能需要动用100名警察，但如果他们没有参加安保活动，他们会干什么呢？他们会都放弃休假来上班并拿一笔加班费，还是说为游行提供安保只是他们工作的一部分？你是会计算出他们使用的路障以及其他设备的总成本，然后除以你认为这些设备可以使用的总次数呢，还是说你认为这些本来就是警察的必备设备？如果你想让人们以为某次警察行动耗费了大量财力，很简单，只要把这些

3 成 本

成本加到一起就是了。但是，只要你愿意，你也可以让它的成本显得微不足道。因此，我们至少可以认为你看到的所有关于成本的数据都是有疑问的。

关于2018年哈里王子与梅根·马克尔的王室婚礼的安保费用，人们给出从200万英镑到3 000万英镑不等的估算结果，但在看到这些数字时请记住一点：在处理正常职权范围以外的事务时，警方可以向英国内政部申请额外的资金。为这场王室婚礼提供安保服务的泰晤士河谷警察局经费并不充足，所以如果他们根据总成本而不是边际成本来收费，也是情有可原的。不过，这并不意味着我们有理由说这一事件让警方付出了那么多的代价。

英国国家健康体系不时给出一个数字，告诉我们每次预约而不按时就诊造成了多少损失。2018年1月，《卫报》告诉我们，不按预约时间及时就诊每年给英国国家医疗服务体系造成的损失足足有10亿英镑。这个数字是基于800万次门诊预约没有按时就诊、每次造成120英镑成本计算出来的。据说，这么多的钱足以完成25万例髋关节置换手术。需要明确的是，我们的确应该根据NHS预约按时就诊，但这并不意味着媒体可以使用具有误导性的统计数据。

每次120英镑的预约成本是利用NHS门诊总费用除以预约次数计算出来的。但是，认为错过一次预约会导致NHS损失120英镑的观点需要满足一个条件：到了预约时间后，所有的医生、护士和支持人员什么也不干，就坐在那儿等待你的到来（与此同时，他们还会按照平均费用消耗掉应该预约使用的一次性设备）。其实，NHS在安排预约时几乎肯定会考虑到会出现预约而不就诊的情况。即使他们没有考虑到，据我观察，在预约的病人没有按时就诊时，医生和护士也不会闲着，而是会趁机赶一赶工作进度。因此，不按预约时间就诊很可能根本不会给NHS造成多大损失——事实上，如果每个人都按时就诊的话，NHS可能会应付不过来。我们几乎可以肯定，不按时就诊造成的损失应该不足以支付多完成25万例髋关节置换手术的费用。

成本计算是很危险的事情，因为它很有可能让你过高或过低地估计某个事物的成本，这取决于你使用的计算方法。人们经常利用成本计算让你过高地估计事物的成本，所以当你看到某个事物被贴上一个数字大得惊人的价格标签时，就应该问一下：这些是否都是必须支付的成本。

可疑的商业成本计算

成本计算的模糊性也会对商界产生影响。对于任何决算表来说，成本显然是一个非常重要的数字。假设我有一家生

3 成 本

产可爱的海豹玩具的公司。我租好了厂房，采办了缝纫机，雇了一些缝纫工人，还买了一些填充材料、棉花、人造毛皮和塑料零部件。现在，我需要计算出生产每个海豹玩具需要多少钱。大部分的成本都是显而易见的——我知道我为生产每个海豹玩具所需的材料支付了多少钱。我知道每个员工制作一个海豹玩具需要多长时间，也知道我每小时付给他们多少钱。但还有一些问题比较棘手。我不清楚每台缝纫机在报废之前可以制作多少个海豹玩具，所以我需要猜测一个数字。我有可能认为一台缝纫机的寿命是1年、5年或者是10年。无论我选择哪个数字，它都将对我加到每个海豹玩具上的机器成本产生巨大的影响，也就是说，它将对我在每个海豹玩具上赚取的利润产生巨大的影响。

这些计算结果会被列入我用来经营公司的管理账户。另外一组数据是我的财务账目，也就是为了同其他公司进行业绩比较，我会利用各种复杂的会计制度，并根据一些主观假设所公布的数据。当公司发布年度业绩时，你就会看到这些数据。审计师会阻止公司在财务账目上填报误导性数据，但即使在允许的范围内，这些数据也有相当大的回旋余地。例如，在金融危机中，尽管审计工作通常是由同一家大型会计师事务所负责的，金融机构也经常对相同的资产给出大不相同的估值。在一些著名的案例中，一些公司（现在已经破产）会篡改数据，把明显的运营费用变成某种多年投资。

我的海豹玩具公司的账目非常简单，只要稍加研究，就能清楚地看出我的经营方式是否合理。但大多数公司的情况要复杂得多，它们现在使用管理软件和会计系统使得人们很难发现那些在事后看来明显具有误导性的数据。

毫无疑问，企业在成本和估值方面存在模糊性。举个例子，假设某家公司拥有一节火车车厢。在你的账目中，它的价值是多少呢？有可能是你置换新车厢所需的费用，或者至少是置换二手车厢的费用。也就是说，它是一项有价值的资产。也有可能你会考虑到使用年限后报废这节车厢的费用，这样计算的话，它就是一项负资产。

成本对于企业决策来说非常重要。假设动物园马上要引进一些北极熊，他们准备通过招标的方式购买一批北极熊玩具。我生产海豹玩具的公司认为可以扩大经营范围，决定投标。做一只可爱的北极熊玩具要花多少钱呢？我需要购买更多的人造毛皮、填充材料和塑料零部件，这些显然要计入成本。我需要多雇几名员工，这也是成本的一部分。但是，我的缝纫机并不是一天24个小时都在使用，在闲置时可以用来制作北极熊——我的最终成本是否应该将一部分缝纫机成本计入在内呢？还有我本人是否也要算进去呢？我需要投入一些时间，也许我应该把我工资的一部分计入生产北极熊的

3 成 本

成本中吧。我不需要扩大厂房，取暖和照明的费用也没有增加，那我应该把这些费用的一部分计入新产品的成本吗？问题是，如果我不停地生产新产品，而这些产品又不分摊任何运营费用，那么最终结果就有可能是公司破产。但是如果我让新产品过多地分摊营运费用，可能就无法拿下这份玩具供货合同。所以，我要为生产北极熊玩具确定一个成本，并根据这个成本向动物园报价，但我们必须清楚地认识到，这个数字不是科学计算得出的结果——它只是一个误差范围很大的估计成本。

在现实中，我可能会把生产北极熊的额外成本，加上一定比例的金额（用于支付没有分摊给具体产品的现有营运费用，例如管理、建筑和研究费用），得出我可以承受的最低销售价格。但这里还有一个重要的概念，那就是沉没成本。我父亲过去常以他下班回家路过的那个花摊为例，解释沉没成本这个概念。假设这个花摊只在工作日开张，并且他们没有办法让鲜花在一个周末后仍然鲜艳如初。一个星期五的下午，我父亲在花摊即将收摊时从旁边经过。他想，或许可以给我的母亲买些鲜花吧。假设一束玫瑰售价10英镑，进价5英镑。如果我父亲付5英镑买这束花，那么为了避免损失，摊贩有理由接受这个价格。如果我父亲出价3英镑呢？摊贩似乎应该拒绝接受，因为这个价格会让他蒙受损失。但是，他付出的那5英镑其实是沉没成本——这笔钱已经付出，无法再收回，所以他应该接受3英镑的报价，卖掉那束玫瑰。没有什么比经济学理论和打折的鲜花更能说明浪漫礼物的内涵了。

如果海豹玩具市场突然崩盘，我的玩具公司里白色毛皮就会堆积如山，无法处理。在这种情况下，我有可能以更低的价格出售北极熊玩具，以减少沉没成本造成的损失，即使这意味着我要以低于成本的价格出售这些玩具。廉价出售可能意味着生产这些玩具帮助我挽回了部分损失。

北极熊玩具合同的竞标很简单，但假设你参与竞标的是一份复杂的合同，比如建造一座桥梁，由于存在各种各样的未知数，因此所有的成本都是估算的。最后，或者是因为天气恶劣，或者是因为在现场发现了一枚没有爆炸的"二战"遗留下来的炸弹，这座桥的工期有可能比预期的长得多。有这么多的不确定性，要准确地预测大项目的成本，难度非常大。

以2012年伦敦奥运会为例。在决定是否申办奥运会时，估算成本的人根本不知道这届奥运会最终会办成什么样子。估算结果从25亿英镑到38亿英镑不等，但这届奥运会的成本最终接近90亿英镑。人们普遍认为政策制定应该做到有据可依，但如果依据大错特错，强调有据可依还有意义吗？就这个问题，我询问了当时的几位高级公务员，他们说成本

3 成 本

估算出错并不是多么严重的问题,因为每个人都知道估算结果是错的。把错误的估算结果作为决策的依据,真的非常奇怪。如果每个人都知道成本估算结果不正确,那政府应当站出来说举办奥运会耗费颇巨,而且它仍然认为应该申办奥运会吗?

瑞士有关部门试图在度假胜地达沃斯和圣莫里茨举办2022年或2026年冬奥会时遭遇的问题,英国政府并不需要面对。瑞士是否申办这两届冬奥会,都必须通过公民投票的方式决定。我参加过一个试图说服达沃斯的当地人支持申办的活动。很明显,组织者发起了一波声势浩大的魅力攻势。而最后,申办这两届冬奥会的想法都遭到了当地人的拒绝。投票者列举了若干他们担心的问题,其中之一就是成本肯定会在最初估算结果的基础上不断攀升。我想,如果就伦敦是否应当申办2012年奥运会的问题进行全民公投,不知道结果会不会让组织者如愿以偿。

在为耗资巨大的大型项目做决定时,难点还在于你得为其好处给出一个具体的金额。就奥运会而言,它涉及许多难以捉摸的无形因素,比如鼓励公众多运动。再举一例。在伦敦与伯明翰以及随后在曼彻斯特与利兹之间修建英国高速铁路2号(HS2)的成本估算遭遇了严格的审查,尤其是当人们发现修建这条铁路的好处是基于如下假设时:对商务人士来说,乘火车的时间是彻底的虚耗时间。支持者可能会说,修建这条铁路将使从伦敦到伯明翰的行程缩减半小时，因此接受这项服务的所有商务人士工作半小时创造的价值，可以被视为这条铁路给英国经济带来的好处。但这种说法是不对的，因为只要有座位，乘客就完全可以在火车上做一些有益的工作。再则，成本估算还有很多猜测的成分。所有大型政府支出决策都是依据这些高风险数字做出的——这是否意味着有据可依的决策过程其实是在浪费时间？我希望答案是否定的，但重要的是要清楚任何预测的成本或收益都具有不确定性。

这对你有什么用呢？它在提醒你，任何涉及成本的说辞都需要谨慎对待，从而避免受其误导。记住，商业活动和大型项目的成本估算都是不精确的。一旦了解了成本计算的回旋余地，你就可以思考其中的动机。看看成本估算结果是谁提供的，然后想想他们是否有理由夸大或缩小估算结果。为新闻撰写标题的人在提到降雪造成的损失时是希望这个数字大一些，还是希望它小一些呢？政府在试图启动一个大型项目时，是希望人们认为这个项目耗资巨大，还是希望人们认为不需要投入多少钱呢？

对于摆在你面前的成本估算结果，只要你考虑其中的动机，问清楚那些成本到底会不会产生，就能很好地判断出这个估算结果的可信程度。

4

百分比

小心那些孤零零的百分比

百分比是一个非常有用的工具，它可以用来帮助或阻碍人们理解数字的含义。百分比是小学数学的内容，我想你认识的人大多都会说自己掌握了这部分知识。但我惊讶地发现，同事们竟然已经不会计算百分比了。

职业生涯早期，我曾在路透社财经电视台工作。该电视台为伦敦金融城的专业人士制作了一些高端的经济和商业节目，供他们上班时观看。我是报道企业相关新闻的"股票简讯"节目的编辑。这是一个很优秀、很有趣的节目，同事们的工作热情都非常高，尤其是在我引入了强制性午休制度之后。节目组还与一位自由职业者合作，她的工作是撰写一些关于公司公告的短文（通常是报告公司的业绩）。我们每次都会报告这些公司的税前利润是上升了还是下降了，并通过百分比的形式表示其中的变化。在她上班的第一天，我在节目开始前5分钟看了她写的文本。她的文笔非常好，但是她在文中说公司利润增长了 $x\%$——没有给出具体数字。直到这时候，她才承认，尽管她拥有一个经济学专业的学位，但她不会计算百分比的变化。她关于这件事的记忆是，我并没有生气（这让我非常高兴），而是每天早上在节目导演倒计时的时候，我们会一起计算出百分比变化。

她并不是唯一一个不会计算百分比的人，但百分比真的不难，而且对于理解我们周围的数字非常重要。我将在本章讨论以下内容：

- 如何计算百分比；
- 如何发现别人在试图通过百分比误导你；
- 复利是什么，如何借助复利了解大的百分比变化。

如何计算百分比

我在路透社的这位同事后来非常成功，我希望她取得成功的原因之一是她掌握的百分比计算技能。许多人不理解百分比，但他们中的大多数人都不敢承认这一点。本书涉及具体金额的地方并不多，但是一旦谈到百分比，那些自称掌握了百分比计算技能的人和那些真的具有这些技能的人就会表现出巨大的差异，因此我准备在这里介绍一些百分比

4 百分比

计算方法(请自行把握你是否需要阅读这部分内容)。我看到很多同事现在都在使用在线百分比计算器,这没有什么问题——我们不是在考试。但要从头学习百分比的计算,有一点是需要说明的——我认为,了解其中的机制有助于你培养一种意识,一旦数字不对劲你就会有所察觉。

你可能会遇到三种类型的百分比:

1. 这个数字的百分比是多少?

喜剧摇滚乐队 Half Man Half Biscuit 有一首经典歌曲,叫作《99%的滴水兽长得像鲍勃·托德》。这首歌是以与班尼·希尔等喜剧演员同台演出的那位演员的名字命名的。在全世界所有建筑物中,雕像数量最多的显然是米兰大教堂,它有96个滴水兽(一种扭曲的雕像,但只有被用于建筑物排水时才是"滴水兽",否则只能算是一种怪异图案)。如果你想知道米兰大教堂里有多少个滴水兽的外形像鲍勃·托德,并且你承认 Half Man Half Biscuit 乐队给出的百分比是正确的,你就需要先计算出99/100的值,答案是0.99,然后乘以滴水兽的数量,即96。你会发现,有95个滴水兽长得像鲍勃·托德。

2. 这个数是那个数的百分之多少？

回到我在第2章里提到的伟嘉猫粮的那句广告。10只猫中有8只猫喜欢吃伟嘉猫粮，换算成百分比是多少呢？要算出这个百分比，先计算8/10，即0.8，然后乘以100%，就会得到答案：80%。

3. 数字的百分比变化是多少？

这个问题难倒了很多人，其中显然包括我在路透社财经电视台的那位助理制片人。欧洲冠军联赛2016—2017赛季一共有380个进球，2017—2018赛季有401个进球。如果你想知道进球数的百分比增长率，就用新的进球数减去之前的进球数（401–380），得到增加的进球数21，然后除以之前的进球数，再乘以100%（这儿是容易出错的地方——人们经常会除以新的进球数）。列出算式：21/380×100%，答案是5.5%。也就是说，欧冠联赛的进球数增加了5.5%。下面请大家自己动手试一试。欧洲冠军联赛2015—2016赛季有347个进球，请计算2015—2016赛季到2016—2017赛季的进球数百分比变化。我将在本章结尾处给出答案。

4 百分比

我们继续谈论足球这个主题。人们经常会因为球员说自己已经付出了110%的努力而气愤不已，因为他们认为这是不可能的。说到对数字的较真劲儿，胜过我的人并不是很多，但这个问题不会让我感到困扰。首先，我们都知道他们所要表达的意思是什么。其次，他们也可能是说，与上一场比赛相比，他们这一场付出了110%的努力。这是完全可以做到的。

不过，这里提到的大于100%的百分比有时真的不好理解。我们以2017年的一条关于加密货币比特币的头条新闻为例。在2017年的前9个月里，比特币的价值从约1 000美元上升到约5 000美元。你认为百分比变化是多少？如果你愿意的话，可以使用上文介绍的方法，计算并检查一遍，然后我再告诉你答案。

答案是：比特币的价值增长了400%。如果你得出的答案是价值增长500%，就说明你犯了大家常犯的错误。在我的统计学课上，几乎所有人都会犯这样的错误。

记住，1 000美元是原始价值的100%。

1 000美元到2 000美元，增长了1 000美元，也就是增长了100%。

价值变为3 000美元时，增长了200%。

价值变为4 000美元时，增长了300%。

价值变为5 000美元时，增长了400%。

这个例子说明，人们根本无法理解大于100%的百分比。他们能理解倍数，所以你最好说比特币的价值增长到了之前的5倍，所有人都会理解你的意思。

在你兴冲冲地去购买比特币之前，请记住，这种货币在2017年12月增值至1.9万美元，但是在2018年2月又跌到不足7 000美元，所以孤寡老弱人士不宜购买。

百分比计算要避免的另一个陷阱，是百分比增长和百分点增长之间的差异。在比较两个百分比时，必须注意其中的区别。

举个例子。假设你在考试中只得到了满分的25%。你决定重考一次，而这一次你的得分是满分的50%。你可以说你的分数增加了100%（因为分数翻了一倍），也可以说增加了25个百分点（从25%增加到50%）。重要的是不能将两者混为一谈。

如果你第3次考试的分数是满分的55%，成绩增长了多少呢？嗯，你的分数增加了5个百分点，从50%上升到55%。但你也可以说你的分数增长了10%，因为5是50的10%。

2017年11月，英格兰银行将利率从0.25%上调至0.50%。媒体普遍报道说利率增长了0.25%，但这个说法是错误的——应该说增长了100%（因为利率翻了一倍），或者

4 百分比

说增长了0.25个百分点。几乎没有人会把"利率翻倍"作为新闻标题,尽管这个标题可能很吸引人。你可能还听到过有人称增长了25个基点。基点是财经术语,表示0.01%。

百分比概念的另一个难点是,百分比的上升和下降是不一样的——如果某个数值先下降50%,然后再上升50%,它并不会变回初始值。假设我买入1英镑的股票后,股价下跌50%,它的价值就会变成50便士。如果随后上涨50%,那么它的价值将变为75便士。如果你关注的东西先是大幅下降,然后有一个微小的复苏,这种情况其实会特别危险。因为下降的幅度特别大,即使微小的复苏只要用百分比表示,数值也会非常大。

黑胶唱片的销量就是一个非常好的例子。20世纪70年代,黑胶唱片的销量达到顶峰,当时的出货量达到每年9 000万张。这是出货量,而不是销量——如果唱片被送到商店,但还没有售出,也会被统计成出货量。此外,这也是指黑胶唱片的张数,所以双碟装专辑会被统计成2张唱片。如果销量起伏不定的话,百分比计算就有可能出问题,但事实上,唱片销量的变化趋势一目了然——从20世纪70年代末到20世纪90年代初,黑胶唱片的年出货量一直在下降,然后暴跌至100万张以下。从每年约9 000万张降至不足100万张,降幅约为99%。先是CD,然后是下载和流媒体,成了数十年来摇滚歌手的首选媒介。代表英国唱片业的英国唱片业协会（BPI）根本没有注意到上面谈到的这个问题。他们从1994年开始记录黑胶唱片的销量。当年的销量大约为150万张，至2007年，销量降至大约20万张。但随后销量有所恢复，2014年的唱片销量再次突破100万张，2017年达到了410万张。你可能会说，黑胶唱片销量先是下降了99%，然后又上升了1 900%。这个说法给人一种黑胶唱片销量一路飞涨、正在不断创造销售纪录的感觉。当然，事实并非如此。虽然黑胶唱片的销量出现了令人吃惊的复苏，但仍然远远低于20世纪70年代巅峰时期的水平，当时黑胶唱片的年出货量是9 000万张。上升的百分比大于下降的百分比，原因可能在于任何东西的下降幅度都不可能超过100%。你可以付出上周比赛时的110%的努力，但是你在这场比赛中付出的努力绝对不可能比你上场比赛少110%。

现在你已经知道如何计算百分比和百分比变化，知道应该躲开大于100%的百分比，还知道了百分比变化和百分点变化之间的区别。你发现上升的百分比比下降的百分比要大，而且你知道米兰大教堂里有多少个长得像鲍勃·托德一样的滴水兽。有了这些知识，你现在可以质疑新闻中报道的某些百分比了，而且在有可能受到误导时有所察觉。

4 百分比

如何发现别人在试图通过百分比误导你

如果你看到所给的数字只有百分比这种形式（我称为孤零零的百分比），就要想一想：他们这样做是否有原因，绝对数字是否会透露不一样的信息。在黑胶唱片那个例子中，如果你想让人们以为黑胶唱片的销量回到了巅峰水平，那么你可以只谈论百分比的增长。如果你想明确告诉大家，尽管黑胶唱片的销量出现了异乎寻常的复苏，但仍然没有达到巅峰水平，那么你就应该说出唱片销售的具体数量。

在英国脱欧公投期间，人们反复争论的一个问题是：欧盟其他国家对英国客户的需要是否超过英国企业对欧盟其他国家的业务需求。在争论英国脱欧后是否会签订一个有利的贸易协议时，人们也提到了这个问题。

著名的脱欧支持者利亚姆·福克斯大谈特谈欧盟对英国的商品贸易顺差——这意味着欧盟其他国家卖给英国的商品比英国卖给欧盟的商品多。英国与欧盟之间存在服务贸易顺差，但不足以抵消商品贸易逆差。

仅看商品贸易，2015年英国向欧盟其他国家出口了价值1 340亿英镑的商品，进口了价值2 230亿英镑的商品。因此，如果你想证明欧盟更需要英国，就应该使用这些数据。

另一方面，同一年，英国有47%的商品出口到了欧盟其他国家，而欧盟其他国家只有16%的商品出口至英国。因此，如果你想证明英国更需要欧盟，就应该使用百分比。

如果你听到有人以现金形式说出贸易数字（数十亿英镑），那么这个人很有可能是脱欧支持者；如果你听到的是百分比，那么这个人应该是留欧支持者。这两组数据都是准确的，但它们给人的感觉是不一样的。

说到在贸易数据中使用百分比，鲍里斯·约翰逊曾多次称英国是欧洲单一市场中在出口方面做得比较不成功的一个国家。他说，在1992年建立单一市场之后的20年里，欧盟以外的其他27个国家在向单一市场出口这个方面做得比英国好。他使用的数字是英国对单一市场11个创始成员国商品出口增长的百分比。

他说的不是哪个国家出口最多，而是哪个国家出口增长最快。排在首位的是越南，其出口额从每月7 300万美元增至每月4亿美元，增幅达548%。增幅之大，令人印象深刻，但到这一时期结束时，越南的实际出口金额仍然不是很大。

另一方面，英国的排名要低得多，"仅"实现了81%的增长，但到这一时期结束时，它每月向单一市场出口商品的金额为239亿美元。

同样，这两个数字都比较准确——认为出口实现增长就表明该国在出口方面做得比较成功的说法并非完全不合理。

4 百分比

事实上，经济学家和政客们最感兴趣的似乎就是增长。但如果不给出具体金额，你了解的信息就不够全面。在本例中，从百分比看，英国做得不太好，但从具体金额看，英国其实好得多。

在结合背景理解数据时，百分比特别有用，但如果你看到的是一个个孤零零的百分比，就应该考虑一下为什么会这样。

如果你觉得某个数字不太可能是正确的，那么你还需要看一看在计算并得出这个百分比时使用的分母是否正确。例如，北爱尔兰前事务大臣欧文·帕特森在2017年12月的《BBC早餐》节目上称英国和爱尔兰之间的贸易额"相当小"，并引用了一些数据来支持这一说法。这立刻让我产生了怀疑，因为我们知道，相近的两个国家之间的贸易额往往很大。"现实核查"小组调查了他提供的数据，特别是北爱尔兰有5%的出口流向了爱尔兰共和国这一数据。

帕特森先生为我们指出了这个数据的来源，但调查发现这个数据并不是说北爱尔兰有5%的出口流向了爱尔兰，而是说北爱尔兰生产的所有商品和服务中有5%出口到了爱尔兰。他是用向爱尔兰的出口量除以北爱尔兰的生产总量（包括在北爱尔兰消费的商品和服务）的方式得出这个数据的。用这种方式衡量出口，有点儿不可思议。

计算表明，流向爱尔兰的实际出口额在北爱尔兰出口总额中所占的比例是37%，真的不能用"相当小"来形容。我们很高兴地看到，帕特森在第二天向议会发表演讲时改变了说法，他说"北爱尔兰只有5%的销售是跨越南边国界线完成的"。这个说法没有错，但是计算出口在包括国内销售在内的销售总额中所占比例的做法，多少有些不同寻常。帕特森的目的是通过这个数字证明英国脱欧后北爱尔兰边境问题"很容易克服"。

在这个例子中，问题的根源不在于出口到爱尔兰的金额，而在于计算百分比时使用的分母。如果你看到某个百分比似乎有点儿偏高或者偏低，就应该看一看分子和分母分别是什么。说到百分比计算中分母带给我们的困惑，我们简单提一提另一个需要注意的问题。

就业率和失业率加起来并不等于100%。就业率是就业人口在人口总数中占的比例。失业率是指从事经济活动的人口中失业人口所占的比例。两者的区别在于不从事经济活动的那部分人口，包括不工作、不能工作和不找工作的人。我在收音机里听到有人说，在英国，巴基斯坦裔的男性群体与女性群体的就业率有很大差距，因为很多巴基斯坦裔女性希望待在家里操持家务。从统计学的角度看，这个说法是正确的。后来，同一节目的某个人又提到了这项研究，说这两个群体的失业率存在差距。这个说法就不准确了。留在家里操持家务的女性并没有参加经济活动，因此她们不是失业人口。

另一个需要注意的问题是，有时一个数字应该除以另一个数字，但提供数字的人并没有这样做。2018年5月22日，我看到这样一则新闻标题："（你）在诺丁汉的哪个地区最可能遭遇犯罪？"当地媒体的这份报告（刊登在Nottinghamshire Live网站上）列出了英国内政部统计的入室盗窃、抢劫和毒品犯罪等犯罪数据。文章说，市中心有12 357起犯罪记录，因此是最有可能遭遇犯罪的地区。但这并没有考虑到每天有多少人在市中心生活、工作，也没有考虑到每天有多少人经过市中心。在市中心工作和经过那里的人会比安静的住宅区里的人要多很多倍。市中心的自行车盗窃案比诺丁汉其他地区多，这一点儿也不奇怪。如果不除以人数，就不能说在哪个地区最有可能遭遇犯罪。

百分比通常是很有用的，但你必须清楚你感兴趣的指标换算成百分比时应该用什么做分母，而不要被孤零零的百分比所愚弄。

复利是什么，如何借助复利了解大的百分比变化

复利只是一个术语，它告诉你如果你把利息也存到银行

账户里，你的储蓄就会增长得更快。在理解新闻中较大的百分比变化时，复利这个概念会起到非常重要的作用。

我们先举一个例子说明它的原理。为了简化计算，假设你找到了一个年利为10%的储蓄账户——我知道这似乎不太现实（姑且假设现在是20世纪90年代，或者假设你住在马达加斯加之类的地方）。你存入100英镑，而且不准备从账户里取钱。

第1年：你得到10%的利息，也就是10英镑，存款总额变成110英镑。

第2年：你的利息是110英镑的10%，也就是11英镑，存款总额变成121英镑。

第3年：你的利息是121英镑的10%，也就是12.10英镑，存款总额变成133.10英镑。

第10年年底，你的存款变成259.37英镑。

第20年年底，你的存款变成672.75英镑。

可以看到，由于账户里的存款在不断增加，因此你每年得到的利息也会不断增长。时间一长，复利就会产生巨大的影响。

我们可以从道格拉斯·亚当斯出版于1980年的小说《宇宙尽头的餐馆》里找到最能体现复利巨大威力的例子。餐馆被封闭在一个巨大的时间泡泡里，并被投射到宇宙结束的那

4 百分比

一刻，客人们一边吃着美味佳肴，一边看着宇宙万物化为乌有。我们现在感兴趣的是餐馆的付款方式。"你只需要在你所在的时代里向一个储蓄账户里存入1便士，当你到达时间终点时，通过复利这种计息方式产生的利息，就足以为你这顿美妙的盛宴埋单。"

时间旅行会对银行系统造成严重破坏，但这个想法非常好。如果你今天把1便士存入银行，利率为1%（这是一个更现实的利率），那么你需要200多年你的存款才能变成10便士，需要463年你的存款才能变成1英镑。随后增速就会加快，1 000年以后你的存款就会变成209.59英镑。不考虑通货膨胀的话（通货膨胀有可能影响复利发挥它的巨大威力），这笔钱足够两个人好好吃一顿了。3 240年后，你将坐拥1万亿英镑。由于宇宙在大约60亿年内都不会终结，你可以想象你的存款将变成多少，不过你必须确保经济一直保持稳定，银行永远不会倒闭。

复利不仅仅与银行账户有关。2011年，乐施会（Oxfam）发布了一份名为《让未来更美好》的报告，称全球粮价到2030年将翻一番。仔细想想，粮食价格和复利的原理是一样的，因为每年的增长都是在前一年的基础上增加的。该报告预测，20年后粮食价格上涨的幅度为120%~180%。首先，这个幅度非常大，表明对未来20年的预测存在巨大的不确定性。但是，这个数字很大吗？

20年后粮食价格增长120%，相当于每年增长4%。20年后粮食价格增长180%，相当于每年增长5.3%。这样的价格增幅对全球粮食价格来说是不是太大了呢？看一下联合国粮农组织（FAO）的粮食价格指数，你就会发现在这份报告发布前的10年里，粮食价格翻了一番。因此，预测的粮食价格上涨速度与这10年里的上涨速度相比其实已经减慢了很多，但标题这样写的话不会有太大的吸引力。与报告同时发布的新闻稿称粮食价格即将翻一番，这确实是一大遗憾，因为我觉得这份报告似乎做出了一些更重要的预测。如果你不知道人们的收入发生了怎样的变化，那么知道物价正在上涨并没有多大意义。如果大家都很富有，价格上涨就没那么重要了。但显而易见，事实并非如此。报告做出的一个更重要的预测是，与目前相比，穷人将不得不把更多的钱花在购买食物上。

有后见之明是好事，而预测未来是傻瓜才会干的事。但是，如果你现在再去看一看粮农组织的粮食价格指数，就会发现全球粮食价格在2011年达到顶峰以后就一直在下降。该指数是根据五大主要商品类别的价格确定的：肉类、奶制品、谷物、植物油和糖类。粮价下跌的一个原因是产量增加，这可能是受到了乐施会报告的影响，另一个原因是美元走强——商品往往以美元计价，因此美元走强意味着用同样

4　百分比

多的钱可以买到更多的商品。由此可见,如果可以的话,还是不要去预测未来20年的事情了。

就本章而言,重要的是要知道,虽然20年粮食价格翻一番听起来比每年4%的价格增幅要大得多,但复利告诉我们,这其实是一回事。预测几十年之后的事情,会导致巨大的不确定性,但如果你知道复利随着时间的推移会产生巨大的影响,就能更好地理解那些预测。

总之,如果仅有百分比,而没有绝对数值,就不要盲目相信这样的数据。这一点很重要,我在第9章讨论风险时还将深入探讨其中的道理——人们很容易受到不必要的惊吓。记住不要使用大于100%的百分比,因为没有人能理解你的意思。几乎没有人知道百分比和百分点之间的区别,但你现在知道了,而且这种区别很重要。

与许多人不同的是,你现在还知道复利会让你的存款增加得更快,因为这是一种"利滚利"的计息方式。因此,如果你听说某个东西在较长时间里取得了较大增幅,如果你想为了一面吃着豪华大餐,一面看着宇宙万物在你眼前化为乌有而努力攒钱的话,就想想复利这个东西吧。

百分比有可能被用来误导人,但既然你知道其中的道理,就不会受其影响了。哦,对了,欧洲冠军联赛的进球数从2015—2016赛季到2016—2017赛季增长了9.5%。

5

平均数

要知道你到底在说什么

已故统计天才汉斯·罗斯林（Hans Rosling，1948—2017）指出，在瑞典生活的人平均拥有不到2条腿。所有人的腿都不超过2条，少数人少于2条，所以平均之后略低于2条。这就意味着几乎每个瑞典人（实际上全世界所有人几乎都是如此）的腿数都高于平均水平。这个平均数根本不可能真实反映瑞典的情况。

上面这个例子很好地说明了关于平均数的一个问题：尽管计算是正确的，但得出的平均数毫无意义，因为它忽略了数字代表的含义，而且得出的平均数无法说明数据集中那些真实的人的任何特征。

本章将讨论平均数，以及如何利用平均数深入理解一组数据或者让它变得难以理解。我们将发现平均数非常有用，具有某种代表性，但它不一定就是某个范围的中点，未必能帮助我们全面掌握所有数据的特点。这种方法通过一个数字告诉我们关于整个数据集的某些有用信息，但它可能无法体现其中的极端情况以及数字的分散性。然而，新闻中一直在使用平均数，而且通常情况下没有人提出质疑。本章涉及很多数字，但不用担心——所有计算都非常容易。本章将讨论以下内容：

- *如何计算算术平均数、中位数和众数；*
- *平均数表示方法的选择所导致的误导性；*
- *范围的度量。*

如何计算算术平均数、中位数和众数

你可能会遇到三种表示平均数（average）的方法：算术平均数（mean）、中位数（median）和众数（mode）。算术平均数就是把所有数加起来，除以数的个数后得到的值。举个例子。假设你是一名板球运动员。在赛季结束时，如果你想知道你在本赛季的平均得分，就可以把你的攻方得分相加，然后除以你击球的次数。（是的，板球爱好者，我知道你们需要考虑自己"不出局"的次数，但任何见过我击球的人都会知道，为什么我不太关心这个问题。）当人们提到平均数时，通常指的是算术平均数。

5　平均数

中位数是中间的数。假设一个班级有29人。为了求出他们考试成绩的中位数,你把他们的成绩按顺序排列,那么第15名的成绩就是你要的答案。如果班上有30名学生,中位数就是第15名和第16名的成绩的中间值。

众数很少使用,但偶尔也会发挥作用——众数就是出现频率最高的那个数字。如果你想知道法国职业足球运动员年龄的众数,就要找出哪个年龄的球员最多。如果你调查的是人们上班时使用的交通方式,众数就是非常有用的数据了,因为它告诉你的是使用哪种交通方式的人最多。

众数还有一个很大的用处。比如,我们可以猜测一下1964年英格兰和威尔士人的平均死亡年龄。死亡年龄的算术平均数是65,也就是说,如果你把这一年所有死亡者的年龄加起来再除以死亡人数,就会得到这个数字。众数表示的则是哪个年龄的死亡人数最多。而在1964年,这个数字是零。在一岁之前死亡的人比其他任何年龄的人都多。在1964年,这并不是一个奇怪现象,因为在此之前的大多数年份都是如此,但从那以后就不是这样了。这个我们现在觉得令人震惊的现象,恰恰是对医疗卫生,尤其是对助产和新生儿重症监护领域取得显著发展献上的一支赞歌。2016年,英国死亡年龄的众数是86,算术平均数是78。如果你感兴趣,我也可以告诉你,中位数是81。

为什么必须区分清楚呢？有时你会听到有人说平均数，你会想当然地以为是算术平均数，而实际上他们说的是中位数。两者有可能大不相同。

我们以2018年5月阿尔塞纳·温格作为阿森纳足球俱乐部主教练对阵伯恩利的最后一场主场比赛中首发阵容的年龄为例。

表5-1 阿森纳对阵伯恩利最后一场主场比赛中首发阵容的球员年龄一览

球员	年龄
彼得·切赫	35
埃克托尔·贝列林	23
卡卢姆·钱伯斯	23
康斯坦丁诺斯·马夫罗帕诺斯	20
塞亚德·科拉希纳茨	24
亚历克斯·伊沃比	22
格拉尼特·扎卡	25
杰克·威尔希尔	26
亨里克·姆希塔良	29
亚历山大·拉卡泽特	26
皮埃尔-埃梅里克·奥巴梅扬	28

5 平均数

我们先计算算术平均数。把这些年龄加起来,和是281。然后除以球员人数11,就可以求出年龄的算术平均数为25.5。要求出中位数,我们需要把所有的年龄按顺序排列:20,22,23,23,24,25,26,26,28,29,35。

然后,找出中间那个数字,也就是第6个数字,因为对这个球员来说,有一半人的年龄比他大,另一半人的年龄比他小。处于中位数位置上的球员是25岁的格拉尼特·扎卡。

众数有两个,分别是23和26(因为分别有两名球员的年龄是23岁和26岁)。

算术平均数和中位数非常接近,都可以广泛地代表出现在当天阿森纳队阵容中不同年龄的球员。

现在,假设在5∶0的比分下,温格先生觉得他已经厌倦了在场边看比赛,因此在他的第826场英超联赛中,他决定亲自上场,向年轻人展示球是怎么踢的。他热身完毕,脱下外套,露出一套崭新的红白相间的球衣,然后让第四裁判举牌换人,自己换下了场上最年轻的球员康斯坦丁诺斯·马夫罗帕诺斯。

我们看看68岁的温格对场上球员年龄的平均数产生什么影响。现在,所有人的年龄总和是329。除以11,得数略小于30,这比之前的算术平均数25.5大。为了求中位数,我们需要再一次把年龄按顺序写出来:22,23,23,24,25,

26，26，28，29，35，68。

这一次，位于中间（也就是第6个）数字是26，比之前的中位数大了一岁。众数没有变化。

我们添加的是一个与其他数据大不相同的数字——统计学家称为离群值。算术平均数变大了很多，比除了两名球员以外的所有球员的年龄都要大，但是中位数只发生了很小的变化。

这就是问题的关键——通常情况下，如果你不希望平均数被离群值影响，就可以使用中位数。

我们再取一组数据，以确保你熟练掌握这些内容。以2017年《舞动奇迹》的明星阵容的年龄为例。这组数据给了我很多乐趣，因为我可以检验"现实核查"小组是否有可能在中途可靠地预测哪些选手组合会进入决赛。我发现，选手组合当前的得分是个很好的线索，各位选手在桑巴、伦巴、恰恰和摇摆舞上的得分往往略低（这两个现象并非没有道理）。最有趣的是，尽管从开播以来的14期节目看，选手们的得分似乎越来越高，但这实际上是因为随着节目一期一期地继续，明星们的经验越来越丰富，所以可以拿到更高的分数。但是，我以及和我合作的统计学家们都没有发现这个系统存在明显的偏倚。

以下是这15位名人以及他们在2017年9月9日组队时的年龄。

5 平均数

表5-2 《舞动奇迹》舞者年龄一览

舞者	年龄
杰玛·阿特金森	32
黛比·麦吉	58
奇兹·阿库都鲁	43
露丝·兰斯福德	57
阿斯顿·梅里戈尔德	29
理查德·科尔斯	55
达沃德·盖达米	35
西蒙·里默	54
夏洛特·霍金斯	42
莫莉·金	30
亚历山德拉·巴尔克	29
苏珊·卡尔曼	42
乔·麦克法登	41
乔尼·皮科克	24
布赖恩·康利	56

我们从算术平均数开始。所有年龄相加，和是627。除以舞者人数15，得数是41.8。

要找出中位数，就必须把年龄排序，然后选取排在中间的那个数。年龄由小到大依次为：24，29，29，30，32，35，41，42，42，43，54，55，56，57，58。

中位数是第8个数，也就是42。可以看出，算术平均数和中位数非常接近。众数有两个，分别是29和42。

现在，假设世界上年龄最大的人也参加了《舞动奇迹》。他们当然是名人，但如果他们没有很快遭到淘汰的话，你肯定会感到惊讶。要找出我创作本书时全世界年龄最大的人到底是谁无疑吃力不讨好，我们姑且假设他的年龄是117岁吧。现在，年龄总和变成了744。将其除以新的参赛人数16，就会得到算术平均数46.5。

为了找出中位数，你把这位新加入者的年龄放在上述按序排列的年龄的末尾处。这一次，中位数不是第8个数，而是取第8和第9个数的中间值。在本例中，这没有任何区别，中位数仍然是42。众数也没有变化。

在本例中，由于出现了一个数值极大的离群值，因此算术平均数增加了4.7岁，但中位数和众数保持不变。算术平均数再一次因为离群值而发生了很大的变化——现在，16名参赛者中有10名低于平均年龄。但中位数没有受到影响。

这些例子告诉我们，选择不同的平均数，会导致离群值对数据的影响程度发生变化。只要你解释清楚，选择哪一种平均数都不能说一定是错的，但你必须知道到底是怎么选

5 平均数

的，因为存在被误导的巨大危险。

平均数表示方法的选择导致的误导性

你已经知道如何计算算术平均数、中位数和众数，在使用平均数时也知道思考为什么要有所取舍，接下来，我们可以看一看平均数的使用会带来哪些危险。你对平均数表示方法的选择有可能彻底改变一组数据给人的印象。下面介绍一些潜在的陷阱。

在本章开头的那个例子中，我们选择的平均数显然是错误的，因为它不能说明瑞典人有多少条腿。中位数，甚至是众数，都是更好的选择。

平均数表示方法的选择的确很重要。英国国家统计局每月都会根据算术平均数计算出英国全国平均收入，2017年的计算结果是每周约500英镑。但在该机构发布的工时与收入年度调查（ASHE）中，平均收入是通过中位数计算出来的，2017年的调查结果是每周约450英镑。为什么两者会有每周50英镑的差额呢？几乎可以肯定的是，只有人数很少的高收入者的周收入才会与英国全国平均水平之间有那么大的偏离——相差大约10%。

在考察收入情况时，不同平均数之间的差异尤为重要。

想想阿尔塞纳·温格对阿森纳队平均年龄造成的影响。现在再想一想，房间里有10个正常收入的人，这时比尔·盖茨走了进来，平均收入会有多大变化？

还记得唐纳德·特朗普2017年在美国推出的一揽子减税计划吗？根据无党派机构税收政策研究中心的计算，到2018年，美国平均每个人将少缴税1 600美元，纳税人的税后收入将平均增加2.2%。

这个数字有用吗？平均而言，最贫穷的20%的美国人将少缴税60美元，占税后收入的0.4%。接下来的20%的美国人将少缴税380美元，占税后收入的1.2%。对于这些人来说，税收政策研究中心的计算结果似乎过于夸大了。事实上，只有一部分人的收入才会增加2.2%或更多——那就是最富裕的20%的美国人，他们的平均收入将增加2.9%，也就是7 640美元。研究发现，联邦政府减税带来的好处，其中65%都会被最富有的20%的人口收入囊中。虽然美国全国人口平均减税额度可能是准确的，但无论从金额还是从收入的百分比来看，绝大多数纳税人得到的好处都要少得多。要想知道为什么会这样，你看一看最富有的1%的纳税人得到的好处就够了——他们的税额平均减少3.4%，也就是51 140美元。收入最高的美国人获得的巨大好处，使纳税人整体的平均水平发生了严重的偏斜，对于至少80%的纳税人来说，

5 平均数

减少的税额在他们收入中的占比预计会低于平均水平。

在考虑不同收入群体的平均收入时,一定要注意收入不均的问题。如果你只使用算术平均数,人数较少的高收入者就会使这些数据发生严重偏斜。如果有人只告诉你一个数字,却不准备解释收入的分布情况,那么你了解的情况可能不会非常全面。

近期,你还可能在另一个领域看到人们正在使用不同类型的平均数,那就是薪酬性别差异。首先要记住的是,企业是否存在薪酬性别差异和企业是否同工同酬并不是一回事。薪酬性别差异是指男性与女性在每小时平均薪酬上存在差异,不考虑男性和女性所做的工作是否不同。同工同酬是指要保证从事相同或类似工作的人得到相同的薪酬——这是一项法律要求。没有可靠的数据可以表明有多少企业没有做到同工同酬,因为这是非法的。我们不知道劳资仲裁庭收到同工同酬诉求后是怎么处理的,因为自2011年以来,仲裁庭收到了成千上万份同工同酬申诉,据官方记录,在听证会上申诉成功的比例为零,在听证会上申诉不成功的比例也是零。劳动纠纷律师很肯定地告诉我,这是因为在法律要点确定之后,当事双方基本上都会私下解决问题,但这种做法导致正义无法公开得到伸张,也无助于我们了解这一问题的严重程度。

薪酬性别差异大并不一定意味着薪酬不平等，但它可以反映出实际招聘工作的一些特点。例如，一家经营连锁幼托机构的公司更有可能让女性在托儿所工作，因为托儿所教师几乎都是女性。因此，在托儿所工作的男性相比较而言更有可能从事管理工作，而不是照顾幼童。这家公司很可能存在巨大的薪酬性别差异，尽管它为从事相同工作的人提供了同等的薪酬。另一方面，即使某家公司不存在薪酬性别差异的现象，也有可能没有做到同工同酬。假设公司有4名员工：男性和女性销售人员各一名，男性和女性经理各一名。如果男性销售人员的薪酬略低于女性销售人员，而男性经理的薪酬略高于女性经理，就不会存在薪酬性别差异的问题，但在其他条件相同的情况下，也很可能存在同工不同酬的情况。

在英国，雇用250人或以上的公司必须以算术平均数和中位数两种方式，向政府报告公司的薪酬性别差异。要计算男性和女性薪酬的算术平均数差异，需要先计算出公司中男性和女性两个群体各自的平均薪酬，然后报告两者之间的差异。计算中位数差异的方法相同。同时报告这两个数据是有必要的——如果你所在公司的薪酬算术平均数差异比中位数差异大得多，就说明可能存在离群值，通常是少数男性薪酬很高。

但在研究薪酬性别差异的统计数据时，还需要认真考

5 平均数

虑一些问题，尤其需要注意这些数据是仅适用于全职员工还是适用于所有员工。报告中的这些数字都是每小时的平均薪酬，所以它们不会因为一部分人每周工作时间更长而发生偏斜。问题在于，兼职工作的时薪往往较低，而女性做兼职的可能性要大得多。如果你想缩小薪酬性别差异，你可以考虑只报告全职员工的数据。

正是因为有这些不同，《旁观者》杂志的编辑弗雷泽·尼尔森宣称对于1975年后出生的女性来说，不存在性别收入差距——因为他只研究了全职员工。如果你只研究女性员工的薪酬，就会发现兼职员工的薪酬水平比全职员工低1/3。由于女性更有可能做兼职，因此薪酬性别差异在很大程度上其实是兼职和全职薪酬的差距。此外，尽管薪酬性别差异仍然存在，但情况已经有所改善，因此，只看1975年以后出生的女性的数据，情况就会显得无比美好。

如果你希望薪酬性别差异看上去没那么大，也可以考虑将公司中一些薪酬较低的职能外包出去，比如清洁、呼叫中心和餐饮服务。如果公司里从事这类工作的女性较多，那么让另一家公司承担这些工作，就会消除这类工作对公司薪酬性别差异的影响。如果你希望缩小首席执行官与其他员工的薪酬差距，也可以采用同样的办法——将公司中所有薪酬较低的职能都外包出去。这个办法可以迅速减小公司管理层薪酬与平均薪酬之间相差的倍数。

在查看这些平均数时，一定要注意公司使用的是算术平均数还是中位数，看一看哪些人被包括在这些数据中，哪些人被排除在外。另外，想一想他们告诉你的这些数据可能具有什么特点。如果你认为其中可能有很多极端的例子，比如非常富有的人或年龄非常大的人，那么你就应该怀疑所给的平均数是否真的能代表这组数据。

范围的度量

迈克尔·布拉斯兰德与安德鲁·迪尔诺特的大作《数字唬人》(*The Tiger That Isn't*, 2007)通过例子很好地说明了平均数为什么能误导人。大街上，一个醉汉在两条人行道之间来回晃荡。取平均值的话，他是沿着道路中央的白线笔直地朝前走着。平均而言，两个方向上行驶的车辆都不会撞到他。"平均而言，他不会有危险。但事实上，他钻到公共汽车底下去了。"

如果你想找一个气候宜人的地方生活，或许不应该看平均气温，否则你找到的可能是白天炎热、晚上寒冷的沙漠，也有可能是夏季烈日炎炎、冬季白雪皑皑的某个地方。

平均数的问题在于，它就是一个数字，可能会给人一种简简单单、尽在掌握的感觉，但事实往往并非如此。无论那个醉汉是在街道两侧的两条人行道间来回晃荡，还是笔直地朝前走，取平均值的话，结果都是一样的。因此，除了给出平均数以外，你可能还需要一个表示分散程度、变化范围或者偏离程度的数字。接下来，让我们看看这个数字有什么作用。

表示数据分散程度的方法有很多。还是以天气为例，表示变化范围的最简单方法就是取最高温度和最低温度。如果你希望避免极端天气，就可以采用这种方法。但是，如果某个地方的温度几乎每天都一样，但一年中有一天特别热，有一天特别冷，那么这个方法就没那么有用了。

标准差是效果更好的表示数据分散度的方法，也是你经常看到的一种方法。标准差是衡量数字与算术平均数相差多大的量——标准差越小，差距就越小。如果你看到的数据是学校里某个年级组建的足球队队员的年龄，标准差就会接近于零。

现在，我们来算一算阿森纳对阵伯恩利的那个阵容的年龄标准差。

要计算标准差，首先要计算数据集中每一个数与算术平均数的差。还记得吧，这个数据集的算术平均数是25.5，我们要计算每一个数与25.5的差。

表 5-3 球员年龄及离均差

球员	年龄	离均差
彼得·切赫	35	9.5
埃克托尔·贝列林	23	−2.5
卡卢姆·钱伯斯	23	−2.5
康斯坦丁诺斯·马夫罗帕诺斯	20	−5.5
塞亚德·科拉希纳茨	24	−1.5
亚历克斯·伊沃比	22	−3.5
格拉尼特·扎卡	25	−0.5
杰克·威尔希尔	26	0.5
亨里克·姆希塔良	29	3.5
亚历山大·拉卡泽特	26	0.5
皮埃尔–埃梅里克·奥巴梅扬	28	2.5

没有必要计算这些离均差的平均值，因为计算结果必然是零。（因为我们把算术平均数四舍五入为25.5，所以计算结果其实会略大于零，但与零非常接近。）相反，我们对这些离均差进行平方，这样算术平均数就不会是零——我们稍后再进行开平方运算，问题就解决了。平方的好处是，所有数字都是正的。我们感兴趣的是这些数字偏离算术平均数的程度，并不关心它们是正的还是负的。

5 平均数

表5-4 离均差及其平方

离均差	9.5	−2.5	−2.5	−5.5	−1.5	−3.5
		−0.5	0.5	3.5	0.5	2.5
离均差平方	90.25	6.25	6.25	30.25	2.25	12.25
		0.25	0.25	12.25	0.25	6.25

现在，我们计算这些离均差平方的算术平均数。它们的和是167，除以11，就会得到算术平均数15.2。最后，我们取这个数的平方根（因为我们之前对这些数进行了平方运算），得数是3.9。也就是说，这支球队的平均年龄为25.5岁，标准差为3.9。

接下来，我们看看在68岁的阿尔塞纳·温格换下马夫罗帕诺斯之后，标准差会发生什么变化。如果你想自己解决这个问题，就准备好纸笔，动手试试吧。我会在本章末尾给出答案。

在你思考这个问题的同时，我们总结一下我们已经学到的知识。平均数可以用来概述一组数据，有时会导致一些危险。算术平均数、中位数和众数分别适用于某些情况，但在有的情况下会具有误导性，因此我们必须了解使用的是哪一种平均数，以及为什么会选择使用这种平均数。表示这些数字分散程度的方法也非常重要。

需要进一步挖掘数据的时候，有个便捷的方法是像薪酬性别差异那个例子一样设置一些条件，例如只计算全职员工和1975年以后出生的员工的平均数。

用一个数字来概括整个数据集可能比较方便，但也可能误导我们，不过现在你已经学会如何甄别了。

现在，我们接着讨论温格先生的另类换人。随着这位主教练的加入，队员年龄的算术平均数上升到略低于30，标准差是12.5。这个标准差很大，从中可以看出这些数字的一些分布特点。

为了进一步说明这一点，我们可以回到首发阵容，用29岁的替补门将戴维·奥斯皮纳换下场上的守门员（他的年龄本身就是一个离群值）。这样一来，场上队员的平均年龄就下降到了25岁，标准差则只有2.8。

6

大数字

理解十亿、万亿、千万亿的含义

预算日那天,我和12岁的儿子艾萨克边吃早餐边聊天。孩子们都知道那天是预算日,因为我定制的帽子上面写着"好啊!今天是预算日"。那天,我的妻子尽量不让其他人看见她和我在一起。很多人都在讨论,当其他财政大事发生时我应该定制什么样的帽子。我的同事给出了一个值得称许的建议,他说我应该在帽子上写"公共部门薪酬封顶"的字样,一旦有需要,我挥一挥帽子就可以了。

我向艾萨克解释说,预算日就是我们了解政府将如何花掉所有钱的日子。"预算是多少?"他问我。

"大约8.5亿英镑(£850 million),"我睡眼惺忪地告诉他。

"好像不是很多啊?"他说。

等我清醒过来再认真思考之后,我发现他说的是对的。实际上,政府每年花费约8 500亿英镑(£850 billion)。我一下子就牢牢记住了这个数字。

本章将讨论大数字带来的挑战。我指的是非常大的数字，那后面一长串0就像是人睡着之后鼻子压在0这个数字键上导致的结果。大数字很难处理，因为我们的大脑并不适应这些数字。我们能够应付小的数字，因为我们对之有切身体验。你知道10个人在一起会是什么样子，你或许还能想象出100个人聚在一起是什么样子。如果你看过足球赛，那么你也许还能想象出3万甚至10万人聚在一起是什么样子。如果你想过买房子，你可能知道看见几十万英镑是什么样的感觉，但在生活中我们几乎没有任何机会去体验数十亿或数万亿英镑的感觉。认为8.5亿英镑并不是一大笔钱，这是我们大多数人即使在头脑清醒时也难以理解的一个想法。大数字给我们的挑战还在不断增加难度。当我1995年刚刚进入商业新闻领域时，英国经济的总产出每年还不足7 500亿英镑，在当时这大概是我遇到的最大的数字。那时候，新闻里充斥数百万这类数字，偶尔也会出现10亿这样的字眼。现在，随着英国经济产出接近2万亿英镑，新闻中有越来越多听起来很庞大但实际上极为寻常的数字。英国政府可能会宣布它即将有一笔数百万英镑的开支，但结合背景来看这笔钱似乎只是沧海一粟。《数字唬人》中列举了一个经典的例子。托尼·布莱尔政府在执政初期曾承诺五年内投入3亿英镑，建造100万个托儿所。这句话可以解释为，每个托儿所300英镑

6 大数字

或者说每个托儿所每年可以得到60英镑政府资助——这些钱买保险都不够。

有三个重要方法可以保证你不会受到大数字的误导：

- 仔细检查，确定你要说的是百万、十亿还是千万亿；
- 结合情境理解大数字；
- 记住几个关键数字来帮助你理解大数字。

仔细检查，确定你要说的是百万、十亿还是千万亿

回到我在预算日吃早餐时犯的那个错误。我犯了一个大数字问题上的常见错误——把十亿说成了百万。由于新闻报道经常涉及万亿，偶尔还会涉及千万亿这样的大数字，因此发生这类错误的可能性肯定会更高。

一百万（million）后面有6个零，十亿（billion）有9个零，一万亿（trillion）有12个零，千万亿（quadrillion）有15个零。如果你总觉得英国人说的"billion"和美国人说的"billion"不一样，在以前你的这个想法是对的。英国人说的"billion"曾经是指万亿，也就是后面有12个零，而美国人说的"billion"有9个零。能想象这种不同所导致的混乱吧？1974年，蒂弗顿议员罗宾·马克斯韦尔–海斯洛普向英

国首相哈罗德·威尔逊提交了一份书面材料，要求政府大臣统一使用英国人的"billion"，拒绝使用美国人的"billion"。首相回答说，billion表示10亿现在是国际上普遍接受的用法，英国政府大臣也应该使用这个用法。从那时起，英国原有的用法就被废止了，在全球任何说英语的地方，billion都表示1后面有9个零。

说到我自己在大数字上犯的错误，我不由得想起在英国广播公司第四频道的"PM"节目上接受埃迪·梅尔采访的那次。(遗憾的是，梅尔现在已经离开了BBC。)听我说到万亿，梅尔问我那是多少个零。总的来说，现场直播并没有让我特别紧张，但在那一刻，我突然明白了在演播室灯光下的游戏节目中，参赛者面对非常简单的问题时，为什么也会给出令我们恨不得砸电视机的愚蠢答案。我对梅尔说万亿是1后面有9个零。现在回想起来，我都觉得无地自容。接着，梅尔又问了我一个问题——我开始心神不宁地回答这个问题。刚说了几个字，我就停了下来，然后对梅尔说道："等一会儿，一万亿后面是12个零。"举这个例子，是要告诉大家，任何人都可能犯这样的错误。针对这个问题，最好的切入点是想一想这个数字是否有可能是对的。

说到错误，我第一次在BBC新闻网站上看到千万亿这个数字的时候是2012年10月，网站上的一篇新闻说法国有

6 大数字

一位女性收到了将近12千万亿欧元的电话费账单。确切的数字是11 721 000 000 000 000欧元。她打电话给服务商,说他们可能犯了一个错误。服务商说绝对没错,还同意她分期付款。文章说,即使她每月支付相当于法国经济总产出的金额,也要6 000年才能付清。这个数字太大了。后来,电话公司承认自己犯了错,称账单金额应该是117.21欧元,并因此免除了这笔费用,这件事有了一个皆大欢喜的结局。

我对这篇文章唯一的不满是,它在标题中使用"qn"作为"千万亿"的缩写。我知道我们用"bn"表示十亿,用"tn"表示万亿,但如果在新闻报道中刚刚开始出现千万亿这个表达时,你就用"qn"来表示这个后面有15个零的大数字,读者肯定会云里雾里、一头雾水。当然,现在的新闻中已经在使用千万亿这个表达了。2014年,当鸟叔的热门歌曲《江南Style》有可能超过优兔(YouTube)视频网站计数器所能处理的最大的数字(略大于20亿)时,该网站更新了其系统,使其最大计数变成9.2千万亿。我本以为这是BBC报道过的最大的数字,但一位读者纠正了我的看法,他说2011年的一篇报道称新的互联网地址分配系统产生了340 "undecillion"个可能地址。也许有的读者不知道,1 undecillion是1后面跟36个零。

可能有人觉得这些大数字就像"zillion"和"bajillion"

一样[①]，都是编造出来的，不过事实并非如此。但我经常想，有的时候我们肯定需要编造一些大数字。这些编造的表达得到了美国学者斯蒂芬·克里斯马里（Stephen Chrisomalis）的支持，他称这些数字为"不定双曲数"。以一次性塑料吸管为例。我们知道每年有大量的塑料吸管被使用，但我们无法估算出一个可靠的数字。因此，与其提出一个可能被人质疑（从而分散了人们对问题本身的关注）的不可靠的估算，还不如说有无数（squillion）的人在使用它们——人数多得无法统计出具体数字。这些表达在对话中非常好用，例如："我告诉过你无数（umpteen）次了"。我不确定现在是否可以在正式场合使用它们。如果在新闻标题中说"英国国家医疗服务体系的负责人今天宣布，在未来10年内，他还需要无数（jillion）资金"，似乎会让人觉得奇怪。人们肯定需要一些时间才能适应。

但是有趣的是，这些数字可以清楚地排出大小来："umpteen"表示比较小的不确定的数，"zillion"和"jillion"肯定大于100万，但没有"gazillion"和"bajillion"那么大，因为前缀"ga-"和"ba-"会让人觉得这个数字特别大。

[①] 同下文的"squillion""umpteen""jillion""gazillion"一样，都是指"无法计算的大数"。——译者注

6 大数字

结合情境理解大数字

要处理真实的大数字,而不是那些杜撰的表达,需要结合具体的情境。例如报道法国电话费账单那篇新闻,它就是利用法国的经济产出来帮助读者理解那个数字有多大的。

如果这些数字让你晕头转向,你也无须烦恼,因为很多人有同样的感觉。我觉得优兔视频上一个名为"奥巴马预算削减方案直观表示"的视频非常好,有助于我们解决这个问题。该视频是在时任美国总统奥巴马宣布将削减1亿美元的联邦预算后发布的。我儿子已经告诉过我们,1亿美元对于国家预算来说不是一大笔钱,但也许现在是早餐时间,睡眼惺忪的你需要一些帮助才能理解这么大的数字。视频指出,从3.5万亿美元的预算中削减1亿美元,给人一种从一大笔钱中拿走一大笔钱的感觉。这就是问题的关键——当数字变得这么大时,我们无法想象它们之间的区别。所以,视频制作人去银行取了8 880枚1美分的硬币,5枚一摞地堆在桌子上,每摞代表20亿美元,所以每枚硬币代表4亿美元。他拿起一枚硬币,用一把钳子把它分成两个1/2。然后他把其中一个再切成1/2。他取出一枚1/4的硬币,把剩余的3/4硬币放回到桌子上。然后,他说,奥巴马总统希望想办法从8 880枚硬币代表的联邦预算中削减掉他手上的那枚1/4硬币。

有趣的是，在其他方法都无法奏效的情况下，这种直观的解释却获得了成功。金融危机期间，我们需要处理很多大数字，这的确令人头疼，因为这些数字都大得难以想象。有时候，为了解释救助计划，人们会说这些钱换成10英镑的纸币会有多重，或者说换成1英镑的硬币然后叠到一起，其高度会是地球到月球距离的多少倍。在我看来，这不过是把难以理解的大数字换成了同样难以理解的超大重量和超远距离而已。

2016年的脱欧公投运动产生了很多有趣而有争议的数据，但其中一个臭名远扬的数字成了这场运动留给人们的持久印象。我指的当然是3.5亿英镑巴士。"脱欧"阵营在其竞选巴士的一侧写道："我们每周给欧盟送去3.5亿英镑——还是把这笔钱拨给我们的国家医疗服务体系吧。"问题是，我们并没有为欧盟预算贡献那么多钱，因为在把钱汇出之前就会扣除退税补贴。退税补贴就是英国在分摊欧盟预算时享受的折扣，它最初是由玛格丽特·撒切尔在1984年协商制定的。早在这个数字出现在巴士车身上之前，BBC"现实核查"小组就指出了采访中使用这个数字时出现的问题。后来，英国独立的统计监管机构——英国统计管理局（UKSA）裁定，该数字可能具有误导性，因此任何进一步的讨论其实都是在与该裁决机构唱反调，是毫无意义的。有人提出这笔3.5亿英镑的资金可以全部划拨给英国国家健康体系，这让UKSA特别担心，因为这笔钱的一部分是退税补贴，根本不需要交付，还有一部分会被欧盟用于支持英国的农业、科学研究和地区性援助，如果这些人认为他们的资金被转交给了英国国家健康体系，他们肯定会大为光火。现在，即使是那些最喜欢引用这个数字的人，也只是说英国将对这笔3.5亿英镑的资金失去控制，而不是说英国把这么多的钱送到了布鲁塞尔。3.5亿英镑这一数字本身并不具有误导性——这是英国在脱欧前对欧盟预算所做贡献的确切数字，但竞选巴士上的描述与这个事实是有出入的。

这笔3.5亿英镑的资金带来了两个独立的大数字问题。第一个问题是，英国每周交给欧盟的确切金额是2.76亿英镑。显然，2.76亿英镑和3.5亿英镑是有区别的——相差约25%，但给任何人的感觉都是这是两大笔钱。有人说，竞选巴士上应该写2.76亿英镑，而不是3.5亿英镑。但所有这样的争论仍然只是突出了一个事实，那就是英国向欧盟预算贡献了一大笔钱。

第二个问题是，在这个情境中，3.5亿英镑或者说2.76亿英镑，根本不是一大笔钱。英国财政研究所和国际货币基金组织都指出，与脱欧对英国整体经济的影响相比，英国分摊的欧盟预算微不足道。英国经济的年产出约为2万亿英镑。

如果脱欧可以帮助英国经济在现有水平上增长1%或负增长1%，那么它对政府财政的影响都将超过它分摊的欧盟预算。

我们已经看到我们可以如何使用数字创建情境，以帮助我们理解其他数字，使大数字更易于处理和理解。但并非所有的数字都适用于这个目的。如果你把美国联邦预算的规模除以美国境内猫的数量，就会得到每只猫的花费，这个数字比较小，但这种做法没有多大意义。

问题在于应该选用什么数字来创建情境，而这在很大程度上取决于你处理的是什么数字。如果你谈论的是教育经费，就可以用它除以学生人数或学校的数量。在本书开头的例子中，用每年使用的塑料吸管数量除以人口数量，你马上就能判断出这个数字是否有可能是真实的。如果你能把数字具体化，并把它与你能理解的东西联系起来，那就有可能发现这样处理起来更容易了。

涉及较大的金额时，一个好的选择是将其与政府支出的领域进行比较。只要你谈论国家预算水平的金额，就一定会遇到大数字问题。并不是只有整个政府的开支才会造成这些困难——英国国家健康体系机构庞大，与它有关的数字都非常大，如果不除以人数，讨论起来就非常困难。NHS每年的预算约为1 150亿英镑，这是一笔难以想象的巨款。在2015年的英国大选中，我建议我们应该像物理学家那样去解决大数字问题。1光年是光在一年中传播的距离，大约是5.9万亿英里或9.5万亿千米。也就是说，如果以光年为单位，用一个比较小的数就可以表示超远的距离，处理起来就会容易一些。如果我们把NHS的年度预算定为1 150亿英镑，那么其他大额资金就可以用它们可以支持NHS运转的时间来表示。NHS每月的预算表示略少于100亿英镑，NHS每周的预算表示略多于20亿英镑。竞选巴士上写的3.5亿英镑比NHS日预算略多一点儿。用NHS年度预算作为巨额资金的衡量标准会有一个小问题：它不是一个常数，每年都在变化，而1光年总是相同的距离。另一方面，这意味着它包含了一些通货膨胀的信息，这在考虑大额资金时可能是有用的。换句话说，随着整个经济体系的各项开支越来越高，NHS年度预算表示的金额也在不断增加。

NHS还是一个拥有约150万员工的庞大机构，这使得它成为仅次于美国国防部、沃尔玛和麦当劳的全球主要用人单位。这样的规模使得一些关于NHS的新闻有点儿难以评估。例如，一个反裁员运动组织发布了一则令人震惊的消息，称NHS计划裁减5.3万个工作岗位。如果你再往下读一点儿，就会发现这个组织为了计算这个数字使用了信息索求自由（freedom of information requests）——裁员计划将在接下来的5年里完成。我并不是说NHS少了5.3万名员工后会变穷，也不是说失业会对这些家庭造成损害。我认为他们的问题是他们的分析不可能那么精准。一共150万个工作岗位，每年裁减不到10 600个。他们不可能得出这么准确的数字。5.3万个岗位听起来很多，但那是因为所有关于NHS的头条新闻，无论涉及空缺职位、额外资金还是预算赤字，都会给人这种感觉。在看到这些报告时，不妨想一想NHS的庞大规模。

再举一个例子。2009年9月2日，《每日邮报》的一则新闻称："市政厅因员工一个月内在脸谱网上浪费572个小时而痛下禁令"［其中，"one"（一个）这个单词大写，以示强调］。原来，这篇新闻报道的是朴次茅斯市议会禁止4 500名员工使用脸谱网这件事。应该除以什么来确定这是不是一个大数字呢？首先，为便于计算，把572个小时转换成34 320分钟。然后除以4 500名员工，得到7.6分钟。也就是说，每名员工每月花在社交媒体上的时间是7.6分钟——如果再除以每月的21个工作日，那么每名员工每天花在社交媒体上的时间是22秒，这个数字真的不是很大。继续阅读这篇报道，我们发现一些员工使用社交媒体的目的应该是查看福利申领者的生活方式。所以，新闻标题应该改为："市政厅对员工使用社交媒体的极少行为反应过度"。这也会是一则好新闻，甚至可能比原先的那则新闻更好。这说明了另一个问题：标题中

6 大数字

的数字作用巨大。几乎每个读过这则新闻的人都会认为,朴次茅斯市议会的雇员们在浪费纳税人的钱,占用大量上班时间在脸谱网上发帖。这是不真实的,但毫无疑问,《每日邮报》希望你认为这就是事实。

虽然在处理大数字时情境很重要,但是有些人对结合情境理解大数字的方式感到不安。

担任BBC统计部门主管后不久,我在英国国家统计局发表了一个演讲。快结束时,我问听众,新闻中最让他们恼火的数字是什么。其中一位代表问我能否说服BBC不要用威尔士土地面积的倍数来表示面积(英国国家统计局总部位于纽波特)。我说我做不到,因为要说明新闻中的大数字,就必须借助威尔士土地的面积、奥运会游泳池的容积、温布利球场的座位数、大型喷气式飞机的长度以及若干双层巴士叠加的高度这类数据。

显然,这样做会导致一些问题。我反对在报道一个即将拆除的烟囱时说它有55辆双层巴士堆叠在一起那么高,理由是如果你把那么多巴士堆叠在一起,最底下的那些巴士就会被压扁。如果说它比伊丽莎白塔(俗称大本钟,但这样说就没有那么顺口)高两倍还多,效果就会好得多。我怀疑人们也不知道威尔士有多大,但对他们来说,说某个东西跟威尔士差不多大,可能比说8 000平方英里多一点儿或大约

21 000平方千米更有意义。

我还见过有人用大象的重量作为衡量重物的标准尺度。我收到的一些调查称,送到垃圾填埋场的可回收垃圾的重量相当于9万头大象。给我的感觉就像是用一个大数字来代替另一个大数字,这样的情境并没有多大作用,更不用说大象重量不一这一事实。也许他们更应该使用温布利球场的重量或者鲸鱼的重量,甚至是威尔士的重量。

说到薪酬的比较,我认为把人们的薪酬与首相的薪酬进行比较是没有意义的。我们总是听到有人说某些地方议会的议长或NHS信托机构负责人的薪酬比英国首相还高。出于政治原因,英国首相的薪酬是被人为压低的,约为15万英镑,但这并不包括这份工作带来的免费住所:唐宁街10号和契克斯庄园。前者赏心悦目,而且位于伦敦市中心,后者则是乡间豪宅,费用肯定不会太低。

同样,你经常听到某个人或某家公司富可敌国的传言。这个比较是不成立的,因为一个国家的财富几乎总是以其国内生产总值来衡量的,也就是该国一年内生产的总量。将其与个人的总财富或者公司的市值(所有股份加起来的价值)进行比较,显然不是同类比较。如果你把一个人一年的工资或公司一年的销售额与一个国家的GDP进行比较,这可能还有点儿道理,尽管同样没有多大启发性。

6　大数字

我们已经看到,用巨额电话费账单除以法国的经济产出,以及用花在社交媒体上的时间除以市政厅的员工数量,这两个做法都对我们理解大数字有帮助,而将美国联邦预算8 880等分的优兔视频则告诉我们1亿美元并不是一个非常大的数字。这里用到的数学知识并不难——它只是借助除法创建情境,来帮助我们判断看到某些数字后是否有必要那么激动。

记住几个关键数字来帮助你理解大数字

熟记几个关键数字来帮助你理解大数字是一个行之有效的方法。我们可以对这些数字取整,因为取整之后,这些数字仍然保持在"合理可信"的水平。我记忆、估计关键数字的能力并不比任何人强。英国国家统计局推出了一项测试,要求被测试者说出所在地区的常住人口,其中有多少人有工作或大学学位。我的测试很糟糕。我猜大多数人都跟我差不多。调查机构Ipsos Mori在40个国家进行了一项叫作"感知的危险"的年度民意调查。结果表明,对于少数族裔人口比例、拥有住房者所占比例、国家在医疗卫生领域的开支以及诸如此类的问题,我们几乎一无所知。

以下是关于英国的10个统计数字,为便于记忆,都已经经过取整处理。所有数据都来自英国国家统计局。

- 英国人口约为6 500万——英格兰人口5 500万,苏格兰人口500万,威尔士人口300万,北爱尔兰人口200万,伦敦有近900万人口。
- 所有人口中大约1/2的人有工作;16~64岁的人群中,大约3/4的人有工作。
- 英国每年约有75万新生儿出生,60万人死亡。
- 以GDP衡量,英国经济总产出约为每年2万亿英镑。
- 根据2011年的人口普查,英格兰和威尔士86%的人口是白人;第二大种群是亚裔/亚裔英国人(7.5%);排在第三位的是黑人/非洲人/加勒比人/英国黑人(3.3%)。
- 英格兰和威尔士有59%的人信仰基督教,25%的人没有宗教信仰,5%的人是穆斯林;在这次人口普查中,这个问题是选填问题,7%的人没有作答。
- 英国人口中,不是在英国出生的略多于900万人,不是英国国民的大约有600万人。
- 大约65%的英国家庭居住的是自有住房,17%的家庭租住私人住房,18%的家庭租住公租房。
- 英国全职工作的平均(中位数)周薪为550英镑,即

6 大数字

年薪为28 600英镑。
- 英国的国家债务约为1.7万亿英镑。

质疑大数字需要信心。如果精心挑选并熟记一些数字,就可以利用这些数字随时创建情境,帮助你理解你听到的数字。而且,你的亲朋好友肯定做不到随口报出上面这10个数字,所以这是一个在争论中占得先机的好机会。

一定要记住,每个人都会偶尔混淆百万和十亿这两个数字,所以你必须时刻保持警惕。当你在标题中看到一个看起来很大的数字时,不要急于相信,而是先想一想它是否有问题,尤其是在涉及政府支出或债务(这些领域经常会出现巨额资金)时。

现在,你看到大数字应该不用着慌了。

7

相关性与因果关系

两者真的有因果关系吗?

我曾经从收音机里听过一个令人沮丧的采访,前面的新闻导语说:"因头部受伤而入院治疗的人在随后13年里的死亡率,是从未受过这种伤的人的两倍。"

节目随后采访了这项研究的负责人,是格拉斯哥大学的一位教授。他说,就死因而言,头部受过伤的人与其他人相比并无任何特别之处,但现在"不完全清楚"为什么死亡率更高。他们试图根据性别、年龄和社会剥夺[①]等因素进行调整,但仍不能解释这种影响。

这位教授说,他准备进一步研究这个问题,找出其中是否有其他生活方式方面的因素(换句话说,人们头部受伤住院治疗并在随后13年里死亡率增加,是否是他们的某种行为

---

① 社会剥夺(social deprivation)指因为某种原因而采取强制性手段不让儿童接受正常社会刺激的现象。——译者注

导致的呢），或者是否有其他"潜在的生物学因素"。

他并没有说这一切有可能只是巧合。

本章将讨论相关性——如果两个事物步调一致地起伏波动，我们就说这两个事物具有相关性。这并不意味着它们之间有任何关系。例如，我们总是在新闻中听到吃某种东西会增加或减少我们患癌症的可能性。证明两个事物具有因果关系的难度极大，仅仅因为两者同时增加就假设它们之间存在因果关系肯定是不保险的。

如果你希望为自己的调查确定一个方向，那么相关性可以发挥很大的作用，但如果你没有进一步的证据证明存在因果关系就在新闻中贸然使用之，就有可能导致一些问题。本章将着眼于可以帮助我们判断是否具有相关性的三个问题：

- *这是巧合吗？*
- *还发生了什么？*
- *这些数字是否有一种令人奇怪的确切性？*

这是巧合吗？

现代的电子表格功能非常强大，你可以把几乎任何一种东西放到一条轴上，再把几乎任何其他东西放到另一条轴

7 相关性与因果关系

上,然后找出两者是否相关。记住,相关性是指当一个事物上升或下降的同时另一个事物也在上升或下降。这并不意味着其中一个是另一个事物导致的。

一个名为"虚假相关"的网站通过图表表明一些事物之间存在相关性,从而完美地说明了这个问题。例如,图表显示美国人均奶酪食用量与被床单裹住窒息死亡的人数之间存在相关性。此外,每年掉入游泳池溺水身亡的人数与尼古拉斯·凯奇出演的电影数量之间也存在明显的相关性。

迈克尔·布拉斯兰德与安德鲁·迪尔诺特在《数字唬人》一书中给出了一个例子。某人把一碗米饭抛向空中,等米饭掉到地上后,可以看到有的地方有一小团一小团的米饭,但有的地方一团米饭也没有。我们都知道米饭掉到地面上会是这个结果。但是,当我们谈论似乎存在某种相关性的事物时(例如头部受伤之后几年里的死亡率较高,某个地方患某种癌症的人数特别多),我们的大脑就会习惯性地寻找模式,并且不愿接受两者之间的关系只是巧合的说法。布拉斯兰德与迪尔诺特认为这是一种生存本能——在判断树叶中呈现的模式是光和树叶晃动造成的错觉还是一只真正的老虎时,安全总比后悔好。那本书的书名[①]就是这么来的。当我们看到

[①] 该书的英文书名为 *The Tiger That Isn't*,前文有介绍。——译者注

一组数字时，我们会情不自禁地去寻找模式和因果关系，如果对这种倾向不加以克制就很容易受到误导。顺便说一句，这仅仅是打比方。如果真的可能有老虎，我的建议是：安全起见，赶紧逃跑吧。

电台主持人称这个头部受伤的研究是一个"令人害怕的发现"。她说得没错儿，但我们其实无须担心。这当然是一个有趣的发现，有了这个发现，你就有理由申请研究基金去调查背后是否有某种玄机了，但是，在有理由相信这不是一种巧合之前，你不应该在电台里堂而皇之地讨论它，让听众毫无必要地担心害怕。毕竟，即使人们认为头部受伤不会增加他们在未来几年死于其他疾病的概率，也应该不会故意让自己的头部受到伤害。

要证明两个具有相关性的事物同时具有因果关系，是非常困难的。医疗卫生研究通过随机对照试验（RCT）来证明因果关系。在典型的随机对照试验中，组织者会将一群人随机分成两组，其中一组将使用所测试的治疗手段，而另一组使用安慰剂（从外表来看像药丸，但没有活性成分），但两组人员都不知道接受新药物治疗的是谁。由于分组是随机的，因此两组成员治疗结果的任何差异都有可能是他们所接受的治疗造成的。

现在，考虑一下如何通过随机对照试验来证明头部受伤

7 相关性与因果关系

住院会导致人们在随后13年里死亡概率增加一倍。你需要把一群人随机分成两组。然后,你大力击打其中一组所有成员的头部,使他们不得不住院治疗。接着,你需要等待13年,看看每组有多少人死亡。要让这项研究通过道德委员会的审核是很困难的,正因为如此,人们会尝试其他统计方法。

这个例子表明,要证实因果关系是非常困难的,除非进行随机对照试验或找到事件发生的机理。

这条规则最大的一个特例就是吸烟。现在,尽管没有人进行过随机对照试验,但人们普遍认为吸烟会导致癌症。这是因为尽管人们没有完全了解其机理,但证据的分量足以让人信服。如果你希望通过随机对照试验来验证吸烟的致癌作用,难度同样非常大,因为你必须找到一组人,随机选择其中1/2的人让他们开始吸烟,同时让另外1/2的人不吸烟,然后观察在接下来的几年里谁得了癌症。吸烟和癌症之间的因果关系被人们接受,这是非常不寻常的。

随机对照试验的另一个巨大优势是,你可以提前决定你要寻找什么,这样结果就不太可能是巧合。精心设计的试验也意味着你不能一遍又一遍地试验,直至得到一个显著的结果。举个简单的例子。你不太可能连续抛10次硬币,每次都得到正面——概率大约是千分之一。魔术师德伦·布朗曾经在电视上用一镜到底的方式拍摄过这段动作,但是他后来解释说，他连续拍摄了9个小时，而播出的这一段是他最后一分钟的成果，在那之前，他都没有连续得到10个正面。在一个名为"系统"的节目中，他连续5次正确预测出赛马系列赛中的获胜者。后来，人们才知道他是如何做到的。他找到几千个人，把他们分成6组，将参加比赛的6匹马的名字分别发给这6组人，每组一个名字。第二轮比赛时，他把前一轮收到获胜者名字的那一组再分成6组，以此类推，直到剩下最后一个人。这名妇女连续5次收到正确的预测，因此她肯定相信布朗可以有把握地预测任何比赛结果。这给我们上了生动的一课，告诉我们有可能被自己的认知所引导，而且受到误导时我们还会深信不疑。布朗这样做的目的是告诉人们某些东西（诸如顺势疗法）的重要性。如果我们在身体不舒服时吃了某种东西，然后感觉好了一点儿，我们就会认为正是我们吃的那个东西让我们有所好转。无论成千上万的人试验后是否有效，我们都会坚信不疑它是有效的。因为我们在感觉好转时服用了某个东西，所以我们认为两者有因果关系。

达莱尔·哈夫在他1954年出版的经典著作《统计数据会说谎》（*How to Lie with Statistics*）中谈到用疫苗和抗组胺剂治疗普通感冒。由于感冒最终会自行痊愈，因此只要时间允许，随便你选用什么疗法，你都有理由相信感冒的人会在一

7 相关性与因果关系

周左右的时间内感觉好转。然后,你可以把功劳归于你推荐的治疗方法,而且许多人都会相信——个人经验有很强的影响力。

在设计研究实验以及为实验提前制订计划时,提出一个假设并让它接受实验的检测也是一种有效的做法。2015年,一名叫约翰·博汉农的记者进行了一项恶作剧式的研究。结果,一些报纸和杂志上了当,纷纷报道吃巧克力可以快速减肥。博汉农找了15名志愿者,将他们分成三组,第一组吃低碳水化合物的食物,第二组吃同样的食物,但每天还要吃1.5盎司黑巧克力,第三组是对照组,保持正常饮食。最后,对照组的体重一点儿都没有减轻。节食的两组人在三周内平均减少了5磅体重,但吃黑巧克力的第二组体重减得更快。

这项研究的设计似乎没有任何问题,因此一家杂志和几家报纸进行了报道。所有报道都遗漏了一个事实:该研究一共检测了18项数据,包括体重、胆固醇、血液蛋白水平和睡眠质量等。在一项仅对15人进行的研究中,仅仅因为巧合,18项测量结果中也至少会有一项可能出现假阳性。在本例中,巧合出现在减肥速度上,而那些报纸杂志报道的恰恰就是这一项数据。

人们应该能及时发现其中的一些问题,比如网上查不到据说是该项研究完成人的"约翰内斯·博汉农博士",也查不到他为这个项目建立的饮食与健康研究所。此外，虽然论文详细描述了参与研究的人，但没有说有多少人，而这是一个非常重要的基本信息。与此同时，也有人批评约翰·博汉农是在试图愚弄大众，以表明大众很容易受到愚弄。我希望故意这样误导别人的人不会太多。这是一个有益的教训，说明检查样本大小非常重要，还告诉我们参与人数非常少的饮食研究不值得关注。

我最"喜欢"的一个似是而非的相关性来自一则新闻。据报道，NHS英格兰的负责人决定禁止在医院销售超大号巧克力棒。报纸援引几家大型医院商店的发言人的话，声称由于及早推出这类计划，寿司和沙拉的销量增加了55%，而水果的销量增加了1/4。意思是说，顾客在查看了现有的零食种类后，发现找不到"特大号"巧克力棒，于是决定转而购买寿司。这种场景真的难以想象。事实上，他们已经不生产特大号巧克力棒了——特大号巧克力棒现在经常被称为"Duo"（二人份），这样人们就可以假装是要和朋友一起分享了——就像"分享装"薯片一样。经过进一步的调查，我们发现医院的零售商实际上说的是，他们推出了一个完整的"健康选择"计划，以及一系列鼓励人们吃更健康的零食的方法。为了实现这个目的，他们禁止的可不仅仅是特大号巧克力棒。

7 相关性与因果关系

网络漫画论坛xkcd上有一幅漫画我非常喜欢。一个人说:"以前我认为相关性就意味着因果关系。后来,我上了一门统计学的课。现在我不那样认为了。"朋友说:"看来,上这门课很有用啊。""嗯,也许吧。"第一个人回答说。

还发生了什么?

需要指出的是,将相关性和因果关系混为一谈,并不全是忽略了两者是巧合的可能性,还有可能是没注意到同时还有其他事件发生。BBC广播4台"或多或少"节目的神奇团队编造了一个移动电话基站提高出生率的故事。他们发现一个地区的基站数量和婴儿出生数量之间存在相关性。他们的研究表明,同英国全国平均水平相比,一个地区的基站数每多出一个,该地区年新出生婴儿数就会多17.6个。该节目提出一个问题:是不是乡间耸立的信号塔与爱情之间存在某种关系呢?毫无疑问,这两件事具有相关性,而且不是巧合。电信公司往往在人口众多的地区安装更多的移动电话基站,以便他们收到移动信号。人口越多,新出生婴儿也会越多,其原因无须解释。所以说,两者是有联系的,但我们需要进一步研究,才能了解其中的道理。

你看到的相关性也许只是一种巧合。我们可以先做这样的假设，但接下来，我们要问一个问题：就像移动电话基站的例子一样，是不是同时还发生了什么？也就是说，我们的研究还要再深入一步。

我收到了一封来自我儿子学校的信，信中说学生的出勤率记录十分不好（指全校学生，而不仅仅指我儿子）。信中写道："虽然不敢说这两者之间有直接的因果关系，但统计数据显示，出勤率提高1%，成绩就有可能提高5%~6%。"

当然，我很高兴他们没有说这两者之间有直接的因果关系，但这封信以及英国教育部类似声明的措辞显然在暗示两者有因果关系。难以理解的是，这封信抱怨的是请假后缺课的人数太多，但它似乎没有对请假与以各种理由缺课的行为加以区分。看起来这中间缺少了一个环节。稳定的家庭生活意味着每天都有人叫你起床去上学，还可能给你的教育带来一些其他的有利条件，比如有人鼓励你做家庭作业。经常不请假就不去上学可能意味着你在家里没有得到这些支持，不过，请假后不去上学是另外一回事。英国教育部的统计数据显示，有资格获得免费校餐的学生（通常被视为衡量学生是否来自低收入家庭的指标）的平均缺课次数更多。研究表明，在基本学程第二阶段，经常请假的学生成绩略高于平均水平（但其他年龄段的学生没发现此类现象）。不过，我再次提醒大家不要认为两者有因果关系。所以，你要考虑的问

7 相关性与因果关系

题是，一些学生缺了几天课后学习成绩有所下降，是因为那几天的课程非常重要，还是因为他们缺课其实另有原因，比如说生病或者家庭生活无序，而这些原因也会导致他们学习成绩下降。我儿子所在学校的学生出勤率可能不是很好，但孩子们的学习成绩不是很差。

在考虑同时还会发生什么事时，你还需要考虑这个问题的另一面：你有没有颠倒了因果关系？英国政府正在调查是否应该限制青少年对智能手机的使用，理由据说是女孩子们的焦虑感有所增加。一些研究表明，如果在手机上花费过多时间，青少年就更有可能焦虑或抑郁，但你也可以认为焦虑或抑郁的青少年更有可能在手机上花费过多时间。不过这种观点有一个比较大的问题：几乎所有的青少年都用手机，也就是说，尽管抑郁的青少年有可能沉迷手机，但那些不抑郁的青少年同样抱着手机不放。在将某种现象归咎于某些普遍的活动之前，尤其要注意这个问题。例如，因为大多数儿童都接种了疫苗，所以患有各种疾病的儿童大多接种了那些疫苗。仅仅证明相关性是不够的——许多接种了疫苗的儿童并没有患上这些疾病。如果没有进行随机对照试验，也不清楚一个事件是如何导致另一个事件的，那我们只能假设这是一种巧合。

这些数字是否有一种令人奇怪的确切性?

关于头部受伤的那个报道涉及一个事实:研究考虑的是人们头部受伤住院治疗之后的13年。这个事实使我们感到奇怪,想了解到底是怎么回事。研究者为什么会对之后的13年感兴趣呢?如果在开始研究前选择参数,他们肯定会选择10年或15年。研究者最终选择了13年,说明做出这个选择是为了得到最极端的结果。当然,这并不是唯一的可能性——也可能一共只有过去13年的数据,而研究人员希望尽可能多地使用这些数据。

但是,在拿到某个事物随时间变化的图表后,忽略之前或之后的变化,直接选择最高点和最低点,然后说这种变化表现出某种趋势,这是很容易做到的。

请注意13年这样的时间段。可以说,这个数据具有"令人奇怪的确切性",这也是某个现已倒闭的网站的名称。该网站列举了大量特别具体的数字,比如,在一张照片上,一个具有美国风格的路标写着限速15¾。我敢肯定这张照片是修改过的,因为它后方有个路标,上面写着"当心路标"。但这种照片还是说明了一些问题。有的数字应该是整数,如果你看到的不是整数,就应该想想原因。

我一边思考这个问题,一边绕着街区散步,结果看到

7 相关性与因果关系

当地一家房地产中介竖起了一块大招牌,招牌上画了一瓶香槟,旁边写着"28周年店庆特别优惠活动,欢迎垂询"。我从来不认为28周年是一个特别重要的纪念日。一个网站说在欧洲南部部分地区,28周年象征着琥珀婚,你可以用兰花作为礼物来庆祝这个周年纪念日。但是看到这个招牌后,我觉得这家房地产中介公司降低利润率并不是为了庆祝某个重要的纪念日,而是为了招揽顾客。我知道,我是一个极端愤世嫉俗的人。我应该和当地的这家房地产中介公司一起,高高兴兴地庆祝他们的周年纪念日,但这个具体得令人感到奇怪的数字让我放弃了这个念头。

显然,即使是孩子看到这种特别确切的数字也会觉得滑稽。有一天,我六岁的儿子大笑着冲进厨房,跟我说他正在看"《辛普森一家》第138集特别节目"。

再举一个例子。伦敦地铁上有一个相亲网站的广告。该网站声称已经为14.4万名英国人牵线成功,然后说"这些人可以装满2 208节地铁车厢!"。我不知道为什么是2 208这个数字,因为这个数字意味着每节车厢有65.2个人。是不是发现网站牵线成功的人只能装满2 200节车厢后,有的人就不愿意报名接受他们的服务呢?我的婚姻很美满,无论他们说多少节车厢,我都不会报名,但说不定有人和我一样对数字着迷,而且仍然是单身呢——我知道这很难让人相信。

特别确切的数字有时会让人感到不舒服，因为它们涉及的数据对于当时的情境来说过于精确了。预测尤其如此——如果有人告诉你某个东西将在10年内给经济造成多少损失，而且数字精确到1英镑，那么你肯定知道他们夸大了模型的精确性（就更不用提前面讨论过的这类预测的虚假性质了）。

2018年的一份报告指出，脱欧派精心策划的推特自动程序可能造成了推特上脱欧和留欧内容的悬殊对比，最后导致实际投票时两者相差1.76个百分点。在美国总统大选中，同样的情况帮助唐纳德·特朗普获得了3.23个百分点的支持率。推特上分享的内容和人们投票站投票之间最多存在某种难以确定的作用机制，但如果认为引用这些数字时可以精确到0.01个百分点，这似乎太夸张了，远远超出了合理范围。

在炎热的2018年夏天，一位葡萄酒厂商在BBC广播4台表示，英国葡萄酒厂商向全球"超过26个"国家出口葡萄酒。如果听到他这样说之后你想知道实际数字到底是多少，就说明你已经掌握窍门了。如果实际数字是27，为什么不直接说27呢？如果实际数字是28，为什么不说超过27呢？如果你使用"超过"这个词，那么数字就应该是整十的数，否则它的精确性就会令人奇怪。

你在说出类似"超过"这种不精确的词的同时，自己也

7 相关性与因果关系

会有种奇怪的感觉。你可以说在法国买某件东西花了100欧元,但你不会把它兑换成88.15英镑,因为原先的那个数字并不那么精确。你会说大约是100欧元,也就是90英镑。

当有人说某个事件导致了另一个事件时,你要记住一个要点:首先,你应该假设这是一种巧合;如果两者之间有某种联系,你需要想想还有可能发生什么。年轻人失业率上升是移民导致的,还是因为当时出现了可能与此有关的经济衰退?如果某种因果关系与你现有的信念相吻合,一旦确定你就会深信不疑(比如巧克力可以加速减肥的报告),那么你在验证时就应该特别小心。正因为如此,你需要小心慈善机构完成的研究。这些研究通常都没有问题,但有时机构发布的统计数据有点儿不可靠。我们必须非常小心,不能因为我们对该机构心存好感就相信它的统计数据,毕竟,我们的大脑本来就被设定了寻找模式和确定因果关系的程序。读完这一章后,我希望你已经对伪装成因果关系的相关性保持警惕。这可能是本章所给建议导致的结果,也可能只是一个巧合。

8

需要警惕的高危表述

需要警惕什么

一看到或者一听到就应该高度警惕的危险表述有很多。这并不是说，一旦这些词语和表达出现，你听到的数据就一定是错误的或者具有误导性。不过，它们的出现会增加这种可能性。你会在广告和新闻中看到它们，也有可能从政客那里听到它们。你应该把它们看作一条线索，表明你可能会被误导。正确地理解数字就是在正确的时间看到警告信号，因为看到这些信号之后，你可以把整个报道抛之脑后，也可以想办法寻找更多的信息。这些表述有的经常出现，比如每次有重大体育赛事时就会出现的关于"称病请假"的统计数字，有的可能隐藏在重要的演讲中，如果不加以小心，你就不会注意到它们。一旦你开始留意某些表述，你就会发现它们无处不在。

最高可达（up to）

"up to"是一个被广泛使用的表述，通常会让人产生误解，它的意思是说你所看到的数字是最大可能值。在我看来，大街上写着"全年优惠，最高可达4折"的招牌就相当于这家店主正在信誓旦旦地说他们的优惠力度永远不会超过4折。这并不意味着店里有任何商品真的在4折销售。事实上，说不定这家商店的任何商品都没有降价，因为招牌上的含义是任何商品的降价幅度不超过4折。

我曾在一家百货公司看到一条类似的标语："为回馈顾客，特定商品最高7折销售"。如果我告诉你"7折"用了500点的加粗字体，而"最高"和"特定商品"则是10点的小字，你肯定不会感到惊讶。但"特定商品"这个免责声明很有意思，因为它可以理解为非特定商品的折扣力度超过7折。

我们知道零售商经常犯这类错误，我们对此已经习以为常，但是如果新闻报道也犯这样的错误，那就成问题了。更让我难以接受的是，我最喜欢的一篇报道也出了这个问题。2012年12月，《地铁报》报道称，南约克郡警方为了震慑小偷，拨款7 000英镑，制作了280个警察的纸板人像。该报称："'纸板警察'使某些地区的犯罪最多减少了50%。"首先，我非常想知道南约克郡警方是如何证明导致犯罪减少的原因是那些纸板警察，而不是其他因素。其次，看了这篇报道，我们根本不知道犯罪到底有没有减少，只知道在某些地区犯罪减少的数量不超过50%。由此可见，在其他地区，减少的数量超过了50%。

更严重的是，英国保守党在2017年的竞选宣言中承诺，将招聘"最多1万名心理健康的专业人士"。只要招聘的人数不超过1万，就表明政府遵守了这一承诺。在同一次选举中，自由民主党承诺"新建一座国家自然公园，以保护多达100万英亩[①]开放式绿色空间"。在我看来，在做竞选承诺时，最小数量比最大数量更合适。

类似的毫无意义的表达还有很多，包括"as much as"（和"up to"一样，意思是"多达"），以及"at least"（意思与前者正好相反，表示至少）。如果对某个数字可能达到的最大或最小值不感兴趣，就不要使用它们。

仿佛是觉得"up to"的这些常见用法还不够糟糕似的，人们还创造出了更糟糕的用法。Buzzfeed网站的头条新闻称："根据一份泄密文件，BBC新闻频道多达300名经理的薪酬最高可达7.7万英镑或更高。"翻译过来就是，收入高于7.7

[①] 1英亩≈4 047平方米。——编者注

万英镑或低于7.7万英镑的经理不超过300人。我看不出这个信息有什么新闻价值。

"称病请假"的统计数据

我们经常看到人们利用统计数据信心满满地说有某种不当行为的人数有多少。收集这类数据的难度极大，因为人们总是遮遮掩掩的，不希望被别人发现他们有这种不当行为。

我经常收到公关公司发来的电子邮件，声称他们发现了有多少人计划在某一天"请病假"，通常是在有重大赛事（比如重要的足球比赛）的工作日。这些数字是根据调查得来的。我期待着有一天有人打电话，问我是否准备请病假，以便观看电视转播的英格兰队比赛。真的会有人承认自己有这个打算吗？从我收到的调查结果来看，肯定有。在得出有多少人计划以不正当理由请病假后，随之而来的就是这种行为会造成多少经济损失。第3章已经讨论过，这些说法是不可信的。

关于病假的报道毫无价值，而且大多没有危害性（我希望如此），但上述原理同样适用于违法活动的数据。一些违法行为的统计数据来自对受害者的报告或对他们的调查，尽管这不够精确也并不科学，但已经很好了。不过，对于非法

8 需要警惕的高危表述

移民、非法下载或开车时使用手机等数据,我们还是要持保留态度。

刷新纪录的数字

我们都热衷于各种纪录。如果有人赢得奥运金牌时还能打破纪录,那绝对是锦上添花,我肯定会和其他人一样为他们欢呼。但在大多数情况下,生活都不同于奥运会。每一秒钟,你的年龄都是一个新的纪录。人口趋于增长,物价趋于上涨,因此就业人数肯定会不断刷新纪录,政府和个人的开支同样如此。特蕾莎·梅担任英国首相时经常说用于教育的资金又创纪录了,家里有学龄儿童的人可能会对此感到吃惊,因为他们经常听说当地学校资金短缺。尽管英国学校的资金总额确实处于创纪录高位,但学生人数和学费在不断上升,因此在2020年之前,学校将不得不缩减约8%的预算。教育资金创造新纪录并不一定能解决问题,因为学校的开支项目,包括教师、校舍、供暖、照明、书籍和文具等,都可能更贵。英国21世纪初的婴儿潮正在影响教育系统。你需要知道的是,消除物价上涨的影响后,每个学生的教育支出发生了怎样的变化。

死亡人数

听到灾难中死亡人数时,要想想这些数据是如何收集的。我记得,从2004年节礼日海啸过后拍摄的照片看,一些城镇被整个夷为平地,但官方公布的死亡人数仍然只有大约1万人——最终数字超过20万人。在该地区参与救助的人都有更重要的事情要做,而不是提供死亡人数的准确数字。

还记得2017年"6·14伦敦公寓火灾事故"死亡人数引发的争议吗?警方公布的官方死亡人数从12人变为后来的30人,然后逐渐上升到最终的71人。警方在确定无误之后,才会宣布某人死亡。他们搜查了大楼里的每一层楼,寻找遇难者遗体,但由于火势凶猛,搜寻工作非常困难。因为一些很充分的理由,警方在一开始宣布官方死亡人数时可能会非常保守。

战区的死亡人数有相当大的不确定性。各方给出的叙利亚死亡人数大相径庭,对也门死亡人数的最精准估计是根据医院数据得出的,尽管许多医院已经在冲突中关闭,而且大部分的战斗发生在根本没有医院的农村地区。

这不仅仅是死亡人数的问题——冲突地区的任何统计数据都是很难收集的。在和平时期的发达国家开展调查时,寻找有代表性的样本难度都非常大。可以想象，如果是在战区的话，难度会有多大。

跨国比较

头条新闻的作者都喜欢对不同国家的统计数据加以比较，但这样做的风险极高。2015年3月的头条新闻称，卢旺达人有望比英国最贫困的10%的人健健康康地多活几年。卢旺达的数据来自世界卫生组织（WHO），该组织发现，2012年出生的卢旺达人的预期健康寿命为55岁。这是一个显著的进步，因为这个数字在2000年是40岁。

随后，记者们将这一数据与英国国家统计局的数据进行了比较，后者研究了英国贫困人口和富裕人口在预期健康寿命方面的差距。研究发现，10%最贫困人口的预期健康寿命为52岁，而10%最富裕人口的预期健康寿命为71岁。两者差距惊人，但是我们可以拿英国与卢旺达进行比较吗？

为验证是否有可比性，我们可以看看世界卫生组织的研究。该组织也给出了英国的数据，称英国人的预期健康寿命为71岁，与英国国家统计局给出的最富裕的10%的人口的预期寿命相同。

尽管这两项研究使用的术语相同，但我们有理由相信他们采用的方法不同。事实的确如此。世界卫生组织的数据是基于对人们健康状况的详细调查，并利用调查结果从现有的预期寿命中减去了健康状况不佳的年份。英国国家统计局使用的是其年度人口调查的结果，该调查在询问受访者的健康状况时，所给的选项是非常好、良好、一般、糟糕和非常糟糕。结果表明，与根据自己的回答被世界卫生组织归类为健康状况不佳相比，受访者在英国国家统计局的调查中把自己归类为健康状况不佳的可能性更高。因此，把英国的贫困人口和卢旺达全体人口进行比较是站不住脚的。世界卫生组织还警告说，在低收入国家进行这类研究存在困难，这也进一步加大了这类跨国比较的难度。

如果真的需要进行跨国比较，那就看看能否找到一个大型的全球性组织来为你做这件事。世界银行、联合国等机构都是很好的选择。它们的网站不像以前那样不便于用户使用，它们的统计部门也可以加以利用。

意向性调查

如果民意调查或调查的结果可疑或不准确，人们就会辩解说这只是一次意向性调查。言下之意，方法还不够好，但是他们准备就这样勉强对付过去。用彼得·斯诺的话说，这"只不过是闹着玩的"。但是，如果研究结果被用来说服公众，让他们相信舆论是朝着某个方向的，那么它就是严肃的。有人告诉我，"意向性调查"（straw poll）这个词来自用一根稻草（straw）来确定风向的做法。看起来，这种确定风向的方法比我们在意向性调查中看到的方法更可靠。

还记得2017年英国大选后的那个早晨吗？许多媒体报道称，18~24岁的年轻人投票率高达72%。这就是"青年震荡"（youthquake）的由来，这个表达最终成了牛津词典的年度词汇。英国工党议员戴维·拉米和英国全国学生联合会主席玛利亚·布阿蒂亚都在推特上发布了这一数据。布阿蒂亚说这个数字并不让她吃惊，但我感到非常吃惊，因为调查机构Ipsos Mori的民调专家估计，2010年和2015年，这个年龄段的选民分别只有43%和44%的人参与了投票。后来，人们发现72%这个数字的最终来源是亚历克斯·凯恩斯。他经营的组织一直鼓励年轻人参与投票。凯恩斯强调说，这个数字是他与一些学生会主席之间的交谈以及他完成的其他研究给他的一个"暗示"。所以，值得我们警惕的表述列表中又可以添上"暗示"这个新成员了。

由于英国大选是无记名投票，所以我们永远不会知道某个年龄组到底有多少人参与了投票，最明显的暗示来自英国大选研究。2018年1月，该研究称，2015—2017年，参与投票的年轻人的数量几乎没有变化。研究的误差幅度意味着这个数字可能会略有上升或略有下降。

这些表述应该引起你的警惕，但它们并不意味着你看到的那些数字是毫无意义的。英国养猪业的代言机构《养猪世界》曾举办过一次意向性调查，结果就非常可信。该杂志希望了解秸秆价格上涨对养猪户的利润造成了多大的冲击，于是派了一名记者前往英国猪禽交易会，在会上询问养猪户对这个问题的想法。这位记者说，她与一些秸秆价格上涨导致利润空间受到挤压的养猪户进行了交谈。但他们并没有根据这些交谈得出任何可疑数据。该杂志的文章标题是："意向性调查表明人们对倚重秸秆的未来感到担忧"。非常棒！

统计显著性

具有统计显著性是一个专业术语，意思是研究结果超出了误差限度。要小心，不要把显著性与重要性混为一谈。按照惯例，如果研究取得的某项发现具有统计显著性，就意味着如果该研究重复进行20次，那这项发现将出现至少19次。记住，你在调查中询问的人越多或者参与你的研究的病人越多，你的发现就越有可能具有统计显著性，因为误差限度变小了。大型研究可能会发现很多具有统计显著性的东西，但这并不意味着这些发现都很重要。

在2017年的一次演讲中，英国皇家统计学会主席戴维·斯皮格豪特爵士举了一个例子。他说，一项研究表明，与每天看电视少于2.5个小时相比，每晚看电视超过5个小时会增加患致命肺栓塞的概率。但接着他又说，从绝对风险这个角度看，这"可以理解为，每晚看5个小时以上的电视，持续12 000年，才有可能患致命肺栓塞。这样理解在一定程度上减轻了它的影响力"。因此，这种影响可能具有统计显著性，但它与人们的生活可能关系不大。这并不是说每晚看5个小时的电视对你没有其他坏处，而是说其他疾病可能会比肺栓塞更早找上你。

斯皮格豪特教授还警告说，不要想当然地认为，如果经常做某件事对你有害，那么即使偶尔为之也会有害。请注意，健康相关的文章中就有这种逻辑。

要注意给"显著"这个词加限定词的情况，比如"边缘显著"（borderline significant）、"潜在显著性"（potentially significant）甚至"实际显著性"（practically significant）。你的发现是巧合的概率是5%，这个门槛并不是特别高。如果一项研究连这个标准都达不到，那么几乎可以肯定它不是很可信。此外，19/20或者说95%的信心是常用的标准。如果你看到有人试图将其设置为90%或更低的水平，就应该想想原因。

不愿透露姓名者

匿名消息来源有其应有的位置。如果接受记者采访的是犯罪的受害者，甚至是犯罪的实施者，那么我们显然知道他们为什么希望匿名。但如果报道通篇都是匿名消息，而且很难弄清楚他们为什么不愿透露姓名，那么你应该保持警惕。一家通讯社派记者前往报道能源价格的变化。结果，这名记者引用了一些不愿意透露姓名的石油交易员的精彩发言，比如"闻到水里的血腥气，鲨鱼一下子疯狂起来"。这些表达一度让我觉得赏心悦目，但我很想知道，他为什么要引用不愿意透露姓名的交易员的话呢。是因为他的一个朋友想出了这些话，但真的不愿意与媒体接触，还是因为这些话其实就是他编造出来的呢？

独家统计数据

"独家"（exclusive，英文含义有"排除在外"之意）这

8 需要警惕的高危表述

个词在新闻中经常被滥用,这让我想知道是谁被排除在外,为什么被排除在外。有时候,一篇文章被称为独家新闻的原因是显而易见的——某位记者通过努力,终于有了一些发现,或者是得到了某个东西,或者是联系上了某人,并在此基础上完成了一篇与众不同的报道。但是,如果你听说某个新闻机构获得了特定数据的独家访问权,那么你肯定想知道为什么。在忙碌的新闻编辑室工作一段时间后,你就能学会通过一些标志发现新闻稿中可能包含不可靠数据,其中的关键标志之一是,发给你新闻稿的那个组织准备接受你的独家采访。有时候,独家报道的诱惑足以让记者们放松警惕,在报道中使用一些他们本来会清除掉的可疑数字。同样,独家采访并不一定意味着统计数据毫无意义,但是你应该提高警惕。

在我的收件箱里随便看看,就能找到寄来供我独家报道的"新研究"(我几乎从来没有收到过什么旧研究)。排在最上面的那篇文章称"超过2/3(64%)的'Z一代'说工资是他们工作的最大动力"。即使你不相信64%超过了2/3的这个说法,这也是一条非常不错的新闻。但是,我最后下定决心,认为BBC应该放弃这则关于一些"Z一代"为工资而工作的独家新闻。

电视收视率

同样,电视收视率看上去似乎是通过精确统计得出的人数,但实际上这类数据是通过调查得出的。如果有5 000个家庭、12 000个人登记了他们的收视习惯,调查者就会根据这些数据推断出全体人口的数据。在可选频道众多的情况下,这意味着只要有一两个人改变观看习惯,就可能会对某个节目的收视率产生巨大影响。但网络流量却不是这样的。在我为BBC新闻网站工作的第二天,我收到的一封电子邮件确切地告诉我前一天写的文章被点击了多少次。这真的让人兴奋,特别是这封邮件还是来自从来没有这么精确的电视行业。

尽管英国使用的Barb电视评级系统是基于一项调查的,但这项调查的规模非常大,提供的数据肯定比你不时看到的世界各地观看特定体育赛事的人数更有说服力。比如环法自行车赛的观众人数,我就看到过40亿、35亿和16亿这些数字。

另一个值得高度怀疑的数字是某位艺术家在全世界卖出了多少张唱片。媒体非常喜欢报道这类数字,尤其是在歌手去世后。事实上,根本没有人收集这些全球数据,更不会有人在哀悼之余去收集年岁已老的摇滚歌手在其职业生涯早期的这些数据。这些数字极其不可靠,充其量只能被认为是估算数字。

8 需要警惕的高危表述

时间跨度很大的比较

在2016年英国脱欧公投活动的早期,内阁办公厅大臣迈克尔·戈夫声称,英国与欧盟的贸易比例低于英国加入欧盟之前的水平。为了验证这句话,我来到了伦敦的市政厅图书馆,埋头苦读一共5卷的1972年《英国海外贸易年度报告》。直到周末,我才意识到自己忽视了服务贸易,因此还需要查阅一份名为《英国隐形出口》的独立出版物。就在这时,一位友好的经济历史学家出于同情,帮助我在联合国数据库中找到了正确的数据。我终于可以确定,与欧盟的贸易比例并没有像戈夫宣称的那样有所下降。

这让我意识到网络给我带来了多大的便利。只要上网一查,就能查到某个统计数据自去年以来或者近5年来发生了多大变化。英国国家统计局位于纽波特的一些部门仍然愿意骄傲地展示他们皮面装订的海量历史统计数据,但我通常不需要使用这类硬拷贝。

时间跨度很大的比较经常导致一些问题。不仅名称相同的指标所指示的内容因国而异,而且同一个国家的指标命名方法也会随着时间而改变。尽管已经有人警告在变化幅度较大时存在前后内容不连续的问题,但还是经常有人被误导。例如,十年一度的英格兰和威尔士人口普查会询问一个家庭有多少房间。1971年，调查对象被告知宽度小于6英尺[①]的厨房不统计在内。在1981年和1991年，宽度不足6英尺6英寸的厨房不在统计范围。在2001年和2011年，所有的厨房都被算作房间。因此，如果比较历次调查的数据，每个家庭增加的房间数就会比实际增加的多，因为小厨房后来也被统计在内了。

最近，有两个涉及长时间序列的说法让我"耳目一新"：一个说薪资增长正处于拿破仑战争以来的最低水平，另一个说自2010年以来的英国历届政府的借款总额超过了所有工党政府的借款总额。验证这两个说法的过程非常有趣，因为我需要同经济史学者交流，还需要使用英格兰银行的"千年宏观经济数据集"。但是，19世纪的收入数据充其量也是非常粗略的，而且，将1924年拉姆齐·麦克唐纳政府的借款额与2010年联合政府的借款额进行比较的做法，显然没有考虑到英国及其经济发生的所有变化。

如果有人说某个东西处于几百年来最糟糕的水平，你就应该对这些话适当地持保留态度。

官方统计数据

我们经常听到人提及官方统计数字，它到底指什么呢？

[①] 1英尺≈0.3米。——编者注

8 需要警惕的高危表述

英国统计的标尺是英国国家统计数据——它们很容易识别,因为它们有一个带钩号的风筝标志,上面写着"国家统计数据"。它的产生与授予有一套严格规则,经常有统计数据因为方法有问题而被剥夺这一风筝标志。关键是,英国国家统计数据受到了严格的监管——尽管它们并不完美,但它们可能是最可靠的数据。英国政府各部门也会编制所谓的"官方统计数字",这些数字也要遵守统计业务守则,但可靠性或重要性可能比不上前者。政府部门发布的其他数据不一定可靠,记者在时间紧张的情况下,可能也会因为它们来自政府就在不经意间将它们称作官方数据。这些数据的问题在于,数据非常重要时,政府大臣们就可能会介入,另外,各版本之间可能不一致。对于出自英国政府部门的数据,只要它没有被归为官方统计数据,我们就应该像对待其他组织提供的数据一样,不要盲目相信。

贫困统计

贫困统计包括绝对贫困和相对贫困的统计。相对贫困通常是指家庭的税后收入不到收入中位数的60%。记住,收入中位数是指收入高于和低于这个水平的家庭各占1/2。这些数据通常也会根据家庭的规模进行调整,因为大的家庭需要更多收入才能维持生计。这种方法有很多优点，它会告诉你一个家庭是否能够负担得起其他家庭能够负担得起的东西。但它也有可能导致一些反常的情况。例如，在经济十分糟糕时，收入中位数就会下降。因此某个家庭就有可能一下子脱离了相对贫困线，但这并不是因为他们富裕了，而是因为其他家庭变穷了。

绝对贫困通常指无力承担衣食住行等基本生活必需品，但英国政府不是这样定义的。英国政府衡量绝对贫困的方法与相对贫困相同，但使用的是2010—2011年的收入中位数，而不是当时的收入中位数。这就令人困惑了。因此我的建议是，在听到贫困人口数量变化时，要搞清楚统计使用的是什么标准。

我们应该警惕全球不平等的相关数据。特别值得注意的是，一些著名机构在测量财富不平等时允许负财富，这意味着最贫穷的人不是生活在贫民窟里的那些人，而是背着沉重的抵押贷款住在大房子里的人，或者是可能拥有高薪工作但欠下巨额学生债务的人。我们通常都不会认为这些人是处于全球财富底层的人。

潜在的

我不想在这里过多地谈论公司业绩，但是当首席执

8 需要警惕的高危表述

行官介绍公司业绩的时候，有几个关键的可疑表述需要加以留意，那就是"调整后的"（adjusted）和"深层的"（underlying）。财务业绩报告的那些规则就是希望利用一些非常主观的假设，使一家公司的业绩与另一家公司的业绩大体上具有可比性。但是公司老板喜欢说，你平时从新闻头条那儿看到的税前利润、净收益这些数字并不能告诉你公司的真实状况，但他们"调整"过的数字应该可以告诉你公司的"深层"表现。

这种做法有时非常公平。如果一个公司最终决定核销5年前的一次不明智收购造成的所有支出，而这意味着它必须报告数额达数十亿英镑的总损失，那么对数据进行"调整"并将那次核销剔除在外的做法或许是有意义的，因为这有助于你了解公司在其他业务上的表现。

另一方面，有时你会觉得这些调整并没能帮助你了解公司状况，而且剔除的数据越多，调整得越多，你就越难以全面了解公司的现状。

一家提供服务型办公空间的美国公司十分关注社区调整息税折旧及摊销前利润（EBITDA）。息税折旧及摊销前利润是报告利润时经常采用的方法，不包括利息支付、税项以及房屋设备持续贬值等因素。但社区调整后的数据还将支付给员工的费用、广告费用和在新地点开设新店的成本等排除在外。该公司经社区调整的EBITDA为正值,表明它是盈利的,但它的整体盈利数据则显示其净亏损近9亿美元。

也许这家公司是对的,它的巨额盈利被各种各样的项目所掩盖,而这些项目并没有真正影响到公司的实力。但这无疑向我表明,我们需要进一步调查,才能确定这些数字是否可信。

一旦你开始对某些表述保持警惕,在听到这些表述时你就会加以注意。它们可以有效地提醒你刚听到的内容可能是一个陷阱,你要么做进一步的调查,要么将它们抛之脑后,让自己不受影响。具体地讲,现在你已经知道要对"最多可达""意向性调查""调整后"等表述保持警惕,因此可以想一想某些统计数据是如何量化那些难以确定的东西的——这也许意味着你所看到的统计数据以及被拿来与之比较的其他数据,都有可能是不准确的。

9

风险和不确定性

假的可能性有多大？

2014年2月，英国的失业率令人困惑不解。一些新闻机构报道称，失业率降到了7.2%，还有一些报道则说失业率上升到7.2%。实际上，失业率是下降了，尽管前一个月的失业率更低。你可能认为这不合理，因此感到疑惑。你这样想是对的。

本章讨论不确定性、风险和机会，它们是统计中极为重要的组成部分，却没有得到应有的重视。当你看到新闻标题语气坚定地宣布数值极大的统计数字时，就应该认真思考这些数字是否合理。其背后的统计方法在很多时候充其量只能得出一个估计数字，但新闻使用的词汇却暗示它具有超出合理水平的准确性。问某件事有多大可能是真的，其实就是在问它有多大可能不是真的，也就是想了解其中有多大的不确定性。谈论事情发生的可能性，就是在谈论风险，了解和交流风险水平是统计学家、记者和政客面临的巨大挑战之一。

还没有人真正地解决这个难题，但如果你知道某些人在哪里做错了，还知道其他一些人正在努力不犯错误，你就能更好地了解前面是否有陷阱在等着你。

在这方面，你需要掌握三个工具：

- 通过测算不确定性了解真实性；
- 绝对风险和百分比变化一个也不能少；
- 想一想，涉及多个事件时，对概率的判断是否正确。

通过测算不确定性了解真实性

看到每个月公布的失业数据时，你可能认为这是希望工作而没有工作的人的确切人数，但事实并非如此——它其实是通过调查得出的数据。这是衡量失业率的一种常见方法，而且英国当前失业统计数据非常可靠。但我们必须了解这种方法对数据的精确性会产生什么影响。

英国几乎所有的官方统计数据都是通过抽样得出的，同时还要假设未被抽中的大多数与被抽中的少数具有大致相同的特征。事实上，英国国家统计局的婴儿姓名统计数据没有根据抽样外推，而是通过逐个统计得出的。这样的统计数据并不多见。也就是说，如果同一年有三个或更多的婴儿被取

9 风险和不确定性

了同一个名字,那么你能说出确切的人数。我可以告诉你,2017年英格兰和威尔士有6 259个男婴取名为奥利弗,还有3个取名为奥利弗-约翰。

但是,大多数更重要的英国统计数据都是估计值,因此在描述这些数字时必须注意措辞,以免它听起来过于精确。让我们回过头来看看前面提到的失业数据为什么让人觉得莫名其妙、难以理解,从而理解其中的不确定性。要做到这一点,我们需要看看这些数据是如何收集的。

失业统计数据

过去,头条新闻中的失业人数其实就是申请失业救济的人数,这被称为失业救济申领人数,但后来人们意识到,政府可以安排人们领取不同的救济,例如残疾救济,以实现篡改数字的目的。英国新的通用福利系统启用之后,通过申领人数估算失业率的难度进一步加大了,因为在申领通用福利的人当中,有的有工作,有的失业。因此,申请失业救济人数已失去其作为英国全国统计数字的地位。为了摆脱仅仅统计申领人数这个简单方法,英国国家统计局从多年前就已经开始使用国际商定的失业率作为头条数字:如果没有工作,在过去四周内找过工作,并且在未来两周内具备工作的条件,则认定为失业。

为了计算出这个数字，英国国家统计局进行了一项劳动力调查（LFS）。调查的规模十分庞大，每三个月都会对大约4万个家庭中的10万名个人进行一次调查。首先，工作人员在英国各地挨家挨户上门调查，随后英国国家统计局位于英格兰南海岸蒂奇菲尔德办事处的一个呼叫中心进行后续的电话调查。你可能在BBC 3台看过《呼叫中心》这部纪录片。影片记录了斯旺西呼叫中心负责人涅夫·威尔希尔和他的员工（大多是20岁出头的年轻人）起早摸黑，通过电话开展调查的事迹。不过，英国国家统计局在蒂奇菲尔德的呼叫中心与电影完全不同。首先，它的员工大多是在该中心工作多年的年长女性。几年前我去过那里，也听过他们打电话。与一些调查人员冷不防给你打来的那种电话完全不同，接听他们电话的人事先都有心理准备，而且似乎与这个系统有某种关系。

我的意思是说，这是一个高质量的调查。但只要是调查，就意味着有误差限度。英国国家统计局通过置信区间，清楚地告诉我们劳动力市场报告中所有指标的误差幅度是多少。置信区间表示真实值可能出现的范围。比如，失业人数变化的置信度为95%，误差幅度为7.5万，这表示英国国家统计局有95%的信心认为实际失业人数变化在所给数字±75 000这个范围内。如果失业人数的变化幅度小于置信区间，我们

9 风险和不确定性

就说这个数字不具有统计显著性,这意味着我们不能说失业人数上升或下降了。看看2017年的所有数据,你就会发现没有一个月的失业人数变化具有统计显著性。在那一年里,你看到的所有基于季度数据说英国失业人数上升或下降的头条,都是在误用统计数据。

使这些数据难以理解的另一个原因是:它们都是季度统计数据(覆盖三个月的时间),但每月发布一次。也就是说,1—3月的数据将在5月发布,2—4月的数据在6月发布,以此类推。这是因为蒂奇菲尔德呼叫中心的调查者把他们调查的家庭平均分配到本季度的13周内。这意味着每个月使用的数据中有2/3在上一个月已经被使用过。在统计每个月的数据时,有1/3的受访者是在公布上次数据之后接受调查的,但是对2/3的受访者的调查仍然采用了他们两个月之前给出的答案。因此,我们不能将本月的数据与上月的数据进行比较,而是要将它们与3个月前发布的数据进行比较。

这让我们回到了本章开头所描述的情形。英国国家统计局称,2013年10—12月的失业率是7.2%。一些新闻媒体说失业率出乎意料地上升了,这是因为他们把这个数字与前一个月的7.1%(覆盖9—11月)进行了比较。但是,这个数字不能与前一个月的数字比较,它只能与前一个季度(7—9月)的数字,即7.6%,进行比较。

每月滚动报告季度数据的做法，真的让报道这些数字的记者们焦头烂额。英国的失业人数曾经是每季度报告一次，但20世纪90年代末，人们发现无须增加数据采集量，就可以做到每月发布一次。有几个办法可以解决这个问题。一个办法是将接受劳动力调查的人数增加两倍，但这样做的成本非常高。如果政府准备为就业统计数据的采集多注入一些资金，还要牢记一点：即使调查的家庭数量增加一倍，也只会将失业人数的误差从±75 000修正到±50 000左右。另一个办法是在头条新闻中将失业人数的变化与去年同期相比而非上一季度相比。这个办法肯定可以让你发现一些更显著的变化，但也会让统计数据显得不那么具有时效性。此外，新闻机构还可以选择一种极端措施，只在统计数据发生显著变化时才考虑报道失业人数，但我认为这种情况不会发生。

最受关注的统计数据

失业人数是每月发布的最受关注的统计数据之一，其他经常受到关注的数据还有通货膨胀、移民和GDP。所有这些数据在统计时都需要抽样。

通货膨胀数据告诉我们物价上涨了多少。它是基于一些名义商品得出的，是英格兰银行负责制定利率的货币政策委员会瞄准的目标。统计部门会先确定通常情况下人们在一个

9 风险和不确定性

月内会购买哪些商品,然后观察这些商品在一系列销售点的价格变化情况。这是整个经济体价格变化的一个样本。如果你购买的产品与统计学家选择的产品有很大的不同,或者选择了不同的供应商,那么你将面临不一样的通货膨胀率。

移民数据是在港口选择一些行人,通过调查他们是否计划来这个国家或离开这个国家至少一年时间得出的数据。认为这种人口迁移计算方法不准确的大有人在,它的准确性受到人们改变计划、拒绝接受访问、说谎或抵达港口不在英国国家统计局调查之列等因素的影响。例如,21世纪头10年中期,许多东欧游客的飞机都降落在一些规模较小的地区性机场,国际乘客调查在这些机场没有派驻代表。就像失业调查一样,由于采用了抽样法,因此移民人数必须有很大的上升或下降,调查才会具有统计显著性,因此我们不可能随时都有把握地说移民人数是上升了还是下降了。

提前估算的GDP或许是最具影响力的经济统计数据。要得出这一数据,在很大程度上需要根据一小部分公司的实际数据推断经济发生的变化。等到第四或者第五次估算时,估算者就会更多地依据企业报告的真实数据,而不是自己估算的数据。但是,如果此时再想改变大家对经济状况的看法,就为时已晚了。此外,政府或中央银行根据他们前期对经济状况的了解采取的所有措施,也可能都来不及修改了。

公平地说，英国国家统计局正在进行各种有趣的研究，探索利用其他来源的数据来提高统计数据的准确性和速度。他们有可能利用全科医生的手术记录来完善人口数据，或者从超市网站上搜集价格数据来帮助处理通胀数据。他们最终可能会找到一种方法，利用通用福利系统得到可靠的失业人数统计数据。他们也许还会利用某种我们还没有想到的高科技系统，逐月收集更准确的失业数据，同时也不会造成多达数百万英镑的额外费用。正如我在讨论调查时提到的，最准确的数据应该是在英国全国范围内通过逐人调查取得的数据，但这需要花费大量的时间和财力。在成本与速度都比较合理的前提下获得的数据往往都不会是绝对精确的，这是我们必须接受的一个事实。

对我们帮助不大的测量

尽管置信区间加大了报道英国失业数据的难度，但它们至少清晰易懂，不像另一个测量方法：变异系数（coefficient of variation），简称CV。我希望你永远不需要用到它，但以防万一，我们还是稍加讨论。变异系数是统计数据的质量指标：变异系数越小，数据质量越高。它们以百分比的形式呈现，真实值可能在变异系数的正负两倍之间。为什么要测量这个值呢？举个例子，如果某个统计数字是200，而变异系

9 风险和不确定性

数是5%，则说明真实数字可能在180~220这个范围内。

我第一次看到这些数据是在我担任BBC新闻部的统计主管时。他们让我看一些数据，当晚6点新闻发布的一篇报道就是根据这些数据编写的。工党发给我们的数据显示，女性的平均周薪大幅下降。这些数据按选区划分，是通过一项规模宏大的调查——英国国家统计局年度工时与收入调查得到的。该调查从所得税预扣（PAYE）记录中抽取1%雇员的记录。但即便是规模最大的调查，如果将其细分为英国650个选区，也会遇到困难。看看一个极端的例子，我们收到的数据显示，在帕特尼，女性的平均周薪从2010年的460.60英镑降到了2013年的366.10英镑。下降的幅度非常大，大约20%，这是非常不寻常的。因为它没能通过"合理可信"测试，所以我做了进一步的研究。变异系数表明，我们有95%的信心认为，女性平均周薪从2010年的343.20~578.00英镑降到了2013年的222.60~509.60英镑。这些数据有相当大的重叠，你不能肯定地说工资真的下降了，这是因为尽管表面上看降幅很大，但是与数据的范围相比还是相形见绌。很多数据都是如此，尤其是人们列举的那些跌幅非常大的例子。我们不得不放弃那篇报道，这是一个很大的遗憾，因为为了节目的播出，他们已经做了很多准备工作。

这个故事突出了薪资数据的另一个问题，那就是你以为你能从这些数据中看出什么,但事实往往并非如此。在本例中,我们需要用平均周薪来评估女性的薪酬情况。这个数据根本没有多大意义,因为女性比男性更可能做兼职工作。假设在这一地区成立了一家新企业,雇用了很多女性做兼职,并付给她们丰厚的时薪。在这种情况下,女性平均周薪就会下降,因为她们的平均工作时间可能会减少。但这并不意味着女性的薪酬水平降低了。因此,调查每小时的平均收入,甚至是将全职与兼职分开调查,可能更有助于我们了解实情。

值得注意的是,我们在这里只讨论置信区间,是因为我们看到的都是世界上规模最大,也是最可靠的调查。你们看到的大多数调查,尤其是我们在第1章看到的那些调查,误差限度往往大得离谱。

但是,即使你看到的是那些最值得关注的统计数据,你也有必要思考一下,他们使用的方法是否有那么可靠,足以说明某个数据在某一月份是涨了还是跌了。

绝对风险和百分比变化,一个也不能少

我在第4章谈到了单独使用百分比的危险,说的就是只有百分比变化而没有绝对数字可能导致的问题。在谈论患某

9 风险和不确定性

种特定疾病的风险百分比时,尤其需要注意这个问题,因为真的有可能让人不必要地担心害怕。报纸上每天都在连篇累牍地报道关于癌症起因和预防的最新消息,如果掌握的情况不全面,我们就很难决定是否应该改变自己的行为。

从调查的不确定性转到医疗卫生报道涉及的风险,似乎有点儿突兀,但它们在很大程度上属于同一个统计领域——某个东西有多大可能是准确的,以及某个事件发生的可能性有多大。

2008年3月,英国《每日邮报》刊登了一篇题为"为什么每天吃一根香肠会使患癌症风险提高20%"的文章。继续往下读,你就会发现每天吃50克加工肉类,也就是一根香肠或三片培根,会使患肠癌的风险提高20%。旁边还附有一个男生吃香肠的照片,但图片说明指出,这是模特的摆拍,大概是因为真的让男生吃香肠的做法太危险了。

四年后,英国《每日快报》上出现了一个同样可怕的标题:"每日食用油煎食品会使患癌症的风险提高20%"。两篇报道几乎没有区别,只不过这次讲的是胰腺癌而不是肠癌,而且配图是一张煎培根的特写照片,避免了模特食用加工肉类的危险。这些标题都令人害怕——癌症显然很可怕,20%的提高风险显然也是一个非常大的增幅。

总的来说,人们在风险沟通方面做得不是很好,前文提到的戴维·斯皮格豪特爵士一直在努力帮助我们改变这种状况。他在剑桥的统计实验室正在研究如何更好地帮助人们理解风险。他建议在绝对风险的背景下观察风险水平发生的变化（相对风险）。我们知道，相对风险发生了20%的变化，这就是每天不吃香肠的人与每天吃香肠的人之间的风险差异。但我们还需要知道绝对风险，也就是吃香肠可能影响的实际人数。就肠癌来说，如果每天不吃那根香肠，每400个人中就有5个人会在一生中患上这种疾病。如果他们每天吃一根香肠或三片培根，那么这个数字就会增加到6人。从5人增加到6人的确增加了20%，但实际人数听起来没有原先的新闻标题那么令人担心。知道了绝对风险之后，你或许会觉得该放弃每天的培根三明治了，但也有可能觉得冒额外的风险是值得的——不过，这有一些超出我的专业范围了（我是犹太人）。关键是你需要这两个数字才能做出决定。如果几乎没有人受到某种情况的影响，那么即使这种影响增加了50%，也还是几乎没有人受到影响。

如果你被新闻报道的医疗卫生数据吓到了，前面几章的讨论可能会对你有所帮助，但在这里我再介绍几个关系非常密切的因素。我在第7章讲过要认真思考两个事件是否真的有因果关系。你还应该注意，不要对同一项研究的内容进行过多解读。如果这是一项重要的研究，那么其他人肯定会进

9 风险和不确定性

行相似研究。借助他人的研究,你可以更好地了解这项研究的质量。然后,你还会看到对相似领域中多项研究成果加以归纳的研究,这更有助于你掌握真实可靠的情况。

我在第7章还谈到了随机对照试验,它要求对试验进行一定程度的控制,通常是随机分配人们接受特定治疗。如果研究人员只是观察试验的结果(或者还回顾了没有参与试验时的情况),就很难证明是一件事导致了另一件事。如果研究人员没有事先明确他们希望发现什么,而是通过统计数据来确定调查的内容,那么你应该有所怀疑。记住,在谈论相关性时,要问一问可能还发生了什么。

在医疗卫生报道中看到临床试验时,你必须记住应该调查的人数不一定等于实际调查的人数。显然,参与的人越多,效果就越好,因为这会降低产生巧合结果的可能性。但是,如果你研究的是一种罕见的疾病,并且治疗有非常明显的显著效果,那么为数不多的研究对象就有可能提供足以帮助我们得出结论的信息。(不过,要获得监管批准,可能还需要更多的研究对象。)我们还需要检查研究的结论是否真的可以证明新闻标题,我将在下一章深入讨论这个问题。

这一领域的另一个重要现象是趋均数回归(regression to the mean)。这个概念似乎很复杂,其实比较简单。它的意思是,在涉及很多因素的情况下,在一个极端结果出现之后很可能会出现一个比较正常的结果。如果你支持的足球队在本周六的英超联赛中以9比0获胜,那么在接下来的一周,你应该会看到相差一个或两个进球的比分。

我们可以通过一款游戏轻松地解释这种现象(这要感谢英国统计局前局长、《或多或少》节目前主持人安德鲁·迪尔诺特爵士)。游戏的设定是决定是否在某条道路上安装超速摄像头。参与游戏的每个人都要投掷两个骰子,投出的点数代表某条道路第一年的事故数量。谁的点数最高(通常是11或12点),就会成为事故多发地。因此,在他们第二次掷骰子,以确定他们的道路在第二年发生了多少交通事故时,超速摄像头就会对准他们。当然,事故的数量几乎总是下降的,这证明使用超速摄像头的决定是正确的。趋均数回归的意义在于,在可能受到机会影响的情况下,比如道路上的事故数量,极端年份之后可能会出现不那么极端的年份。换句话说,仅仅是因为碰巧,异常高或异常低的数字就有可能回归正常。

这个游戏看似无聊,但它与政府的许多决策有关。政府在考虑是否采取行动来处理某个问题时,很可能会想办法处理极端情况。但极端情况有可能只是一种巧合,在这种情况下,第二年通常都会有一个比较正常的结果。

这也适用于医疗卫生领域。作为医生,你有可能接诊一些患有某种疾病的重症患者。即使你的治疗其实并没有什么效果，其中一些病人的病情也可能因为巧合而接近平均水平。

趋均数回归最早是由弗朗西斯·高尔顿爵士在1877年提出的。他曾以父母与孩子的身高为例解释这个概念。高个子父母的孩子长大后往往比父母矮，而矮个子父母的孩子长大后总体而言比父母高。这是因为孩子的身高总的来看是正常水平，上述结论是用非常高或者非常矮的父母的身高与孩子的身高比较后得出的，因此我们无须感到惊讶。

在判断官方采取的措施时，要谨防极端。从统计学的角度来看，在研究中排除趋均数回归是很难做到的，但如果研究人员明确表示他们意识到了这个问题，就是一个好兆头。

涉及多个事件时，想一想对概率的判断是否正确

在观察不止一个事件的概率时，我们必须注意概率是相互联系的还是相互独立的。抛硬币时，得到正面的概率是1/2，连续得到两个正面的概率是1/4，连续三个正面的概率是1/8，以此类推。这是因为这些事件的概率是独立的，所以每次都要把它们相乘。得到反面的概率与你上次是否掷出正面没有关系。但概率并非总是独立的——有时它们是相互

关联的。

有一天，我在"或多或少"演播室播出一个关于双蛋黄鸡蛋的节目。英国禽蛋信息服务中心告诉我们，双黄蛋出现的概率是千分之一。BBC的一位同事连续敲开4个鸡蛋，发现都是双黄蛋。如果发现双黄蛋的概率就像抛硬币一样具有独立性，那么连续看到两个双黄蛋的概率将是百万分之一（千分之一乘以千分之一），连续三个的概率是十亿分之一，连续4个是万亿分之一，发生的可能性非常小。但这忽略了双黄蛋成群出现的可能性。一旦成群出现，在盒子里发现一个双黄蛋后，就很有可能发现第二个。事实确实如此，因为双黄蛋更有可能来自特定"年"龄的母鸡（20~28周大），同一个鸡群的母鸡往往年龄相同，同一只盒子里的鸡蛋很有可能来自同一群母鸡。此外，相对于那个年龄的母鸡来说，双黄蛋的个头非常大。也就是说，如果买的一盒鸡蛋个头很大，而且是鸡龄不是很大的母鸡下的蛋，是双黄蛋的可能性就更高一些。当我的同事敲开盒子里最后的两个蛋，并且发现它们都是双黄蛋时，演播室里沸腾了。这个概率只有100亿亿分之一，甚至还要小得多，取决于你是否考虑相关概率。

是否是双黄蛋似乎不是那么重要，但是在涉及金融危机时，如果不能正确理解某些概率之间存在的关联性，就是个

9 风险和不确定性

大问题了。美国的住房贷款机构曾向那些贷款违约风险很高的人放贷。后来，这些贷款被打包供投资者购买，但被评定机构归类为低风险。为什么呢？因为除非产品中的所有抵押贷款都违约，否则投资就会有回报。即使某一个借款者违约的风险比较高，但只要你认为他们是独立的，那么所有人都违约的风险就会比较低。不过，人们忽视了一个事实。一个借款人违约的原因可能与另一个借款人违约的原因有某种关联，例如经济低迷或房地产巨大泡沫的破裂。

在萨利·克拉克的悲剧性案例中，就发生了假定概率相互独立的错误。1999年11月，萨利·克拉克被判谋杀了她的两个孩子，在监狱里服刑三年后，才被证明无罪。她一直没能恢复过来，最后于2007年去世，年仅42岁。她在答辩时称，两个孩子都是自然死亡，可能是因为婴儿猝死综合征（SIDS）。一名原告证人称，克拉克家的一名婴儿死于SIDS的概率是1/8 543，两个孩子都死于SIDS的概率是1/8 543乘以1/8 543，也就是约1/7 300万。本案中出现的第一个错误是认为这两起死亡事件是独立的。人们还没有完全了解SIDS的发病原因，所以我们肯定不能排除遗传因素的可能性。

萨利·克拉克案还导致了所谓的检察官谬论，即如果无罪辩解不成立的可能性非常高，那么被告一定是有罪的。这个推理过程忽略了若干问题，特别是母亲杀死她的两个婴儿也是非常罕见的。英国皇家统计学会对最初的判决提出抗议，指出最高法院不应该把注意力集中在无罪辩解不成立的概率上，而应该权衡考虑两种相互矛盾的辩解成立的概率。两种解释都不太可能，但其中一种情况确实发生了。

7 300万分之一这个数字是事先预测同一个家庭中两名一岁婴儿都死于SIDS的可能性。但这些家庭并不是随机挑选的——萨利·克拉克被牵扯进这一过程，是因为她的两个孩子已经死亡。因此，我们需要计算的不是从全国随机挑选的一个家庭发生这种悲剧的概率，而是在发生这种悲剧的家庭中，母亲要对这两起死亡负责的概率。鉴于该案缺乏法医证据，这个概率毫无疑问不足以证明她有罪。

同样，你有时会听到这样的说法：根据某些法医鉴定的结果，某被告有1 000万分之一的可能性没有犯被指控的罪行。这样的概率似乎说明被告可能犯罪了，但前提是还有其他理由相信他们确实犯罪了。如果他们真的是按1 000万分之一的比例随机挑选出来的，那么在英国6 500万人口中，可能会有6~7人在测试中得到相同的结果。当然，如果警察发现某人从犯罪现场逃离，而法医鉴定支持他（她）是罪犯的说法，似乎就能构成非常有力的证据。但是，如果法医引导警方逮捕与受害者没有明显关联的人，嫌疑人就有理由说

9 风险和不确定性

自己有很大可能没有犯罪,在这种情况下,法官在指导陪审团时必须非常小心。

通过广泛讨论不确定性、风险和医疗卫生相关报道等问题,现在你已经学会了如何避开那些无意义报道设置的陷阱。你可以通过大型调查的置信区间,确定你看到的失业或移民人数变化是真的具有显著性,还是在数据采集方法的误差限度内。当你读到一些耸人听闻的报道,说某些东西会使你患某种疾病的概率增加多少个百分点时,也要看看如果不吃这些东西,你患这种疾病的风险有多大。当你听到政府部门采取措施应对极端情况时,要记住,上升的数据往往会自行下降——趋均数回归告诉我们,如果可能的话,即使不加干预,情况也会缓解。最后,在看到有人说某些事情有极小概率多次发生时,要注意真实的情况可能是这两个事件以某种方式联系在一起,导致这个概率变大了。

10

经济模型

想一想你是否相信它们

2016年4月18日,我被召入英国财政部参加媒体吹风会。所谓媒体吹风会,就是一个组织准备在某个时间宣布某个复杂事件时,会提前将相关内容告诉记者,希望他们正确理解并在事件被宣布后及时报道。那个周一,财政部将公布英国脱欧经济损失评估,人们对此期待已久。一群看上去似乎有点儿不自在的财政部经济学家用了半个小时左右的时间,向我们简要介绍了那份200页分析报告里包含的内容。最重要的数字是,脱离欧盟并选择通过谈判达成贸易协议,最终将使英国家庭每年的GDP减少4 300英镑。媒体吹风会的整体安排有点儿混乱,因为英国财政大臣乔治·奥斯本在吹风会结束前就在布里斯托尔公布了这份分析报告,所以大多数本应出现在现场的资深记者反而被锁在了白厅一间没有窗户的房间里。

本章的重点不是讨论英国财政部协调媒体吹风会的能

力，而是讨论得出每年4 300英镑损失以及诸如此类的模式。

经济是非常复杂的。经济模型是利用过去的经验和理论，预测特定情况发生时对未来某些经济领域会造成何种影响的一种方法。

如何分解经济模型超出了本书的范围，但即使没有经济学学位，你也可以思考很多问题。本章将讨论三个你可以思考的关键问题：

- 模型能证明结论吗？
- 选择性偏差是否影响了模型的结果？
- 模型中的假设合理吗？

模型能证明结论吗？

当我们最终离开财政部媒体吹风会的会场，来到电视前时，才发现奥斯本先生已经前往布里斯托尔，他面前的海报上写着："如果英国脱离欧盟，英国家庭每年会损失4 300英镑"。这个标题数字很有意思。研究得出的结论是，如果英国脱离欧盟，其GDP将在15年内比留在欧盟时每年减少1 200亿英镑。这么庞大的金额显然难以理解，因此财政部决定将其除以什么东西，以使其更易于理解。它大可以学习脱欧运动处理英国分摊欧盟预算数额的方法，除以52并得到大约每周23亿英镑这个数字。这样做有一个好处，可以很容易地与脱欧巴士上写的每周3.5亿英镑进行比较。但是，英国财政部没有这样做，而是决定除以英国家庭的数量，得出每年4 300英镑这个数字。但问题是，户均GDP下降并不等于每个家庭都受到损失。这两者之间的确有某种关系，但并不一定是金额相等的关系，因为它们不是一回事。也就是说，户均GDP下降4 300英镑将导致家庭收入减少，但不会使每个家庭的收入减少4 300英镑。

后来，有人告诉我，英国财政部使用的那种模型，如果需要的话，还可以用来计算家庭收入受到的损失。事实上，英国脱欧对户均收入的影响可能会超过4 300英镑，因为英镑贬值会使进口商品更加昂贵。这会影响家庭的购买力，但不一定会降低GDP。不过，财政部并没有这样做。

我在BBC新闻网站上发表了一篇文章，告诉人们报告中的户均GDP和海报上的家庭收入有所不同。英国首相戴维·卡梅伦的公共关系主管克雷格·奥利弗在他关于脱欧运动的书中说，这篇文章让他一整天都坐立不安。我甚至接到了英国财政部一位新闻官员的电话。奥利弗说，户均GDP与家庭收入就是一回事，因为所有的钱最终都来自家庭。但事实显然并非如此。目前，英国每年的GDP约为2万亿英镑，把它除以英国2 700万个家庭，得数大约是74 000英镑。但是平均家庭收入要比这少得多，所以毫无疑问，这两个数字不是一回事。

这不是英国财政部的分析出了问题，而是海报上的内容有问题。看到基于经济模型的广告、海报或报纸报道时，你首先要检查的是模型分析报告是否能证明广告、海报或报道的核心内容。

在考虑研究结果是否能证明这些说法时，有一个很好的切入点可以选择：这些说法越坚定，就越说明它有可能在从研究人员到新闻办公室之间的某个环节被夸大了。如果你看到的某个说法意义重大，你就应该一直追溯到最初的研究，看看研究人员和公关部门之间是否有某个环节出现了疏忽。令人不安的是，这种情况经常发生，因为研究机构研究成果的宣传工作可能与原研究人员的直觉相矛盾。

2017年《英国皇家医学会期刊》上就有一个这样的例子。该杂志在新闻稿中称："新的分析认为2015年的3万例额外死亡与社会医疗保健费用削减有关。"额外死亡人数是在本来就会死亡的人数基础上增加的死亡人数，是一个估计数字。如果你计算的是冬季额外死亡人数，那么计算的基准就是夏季的正常死亡人数。这些额外死亡可能是天气寒冷或者特别严重的流感暴发等因素造成的。英国国家统计局每年都会公布冬季额外死亡人数，2014—2015年冬季的额外死亡人数确实异常之高。在《英国皇家医学会期刊》上发表的那篇论文分析了人们对额外死亡人数给出的一些解释，认为他们对额外死亡人数上升原因的解释并不能令人信服。研究人员在文章结尾说，他们"无法就数据变化得出一个确切的结论"，但接着又说："额外死亡人数接近3万，社会医疗保健费用削减是否有可能负有一定责任，还需要进一步研究。"也就是说，研究人员研究了为什么在那个冬天死亡的人比往常多得多，发现目前给出的原因并不令人信服，并提出未来研究可以关注社会医疗保健费用削减这个领域。后来，这句话就转化成了一篇新闻稿，说该分析发现死亡人数与费用削减有关。经过进一步发酵，这又变成了2017年2月《每日镜报》的一则头版标题："保守党削减开支导致3万人死亡"。我们不需要任何特殊的医学研究资格，就能看出那篇论文的结论与这个标题并不一致。学术论文一般结构很简单，易于查验，还有明确标出的"摘要"和"结论"等部分，都能帮助你在不必通读全文的前提下了解研究取得的主要发现。

选择性偏差是否影响了模型的结果？

选择性偏差听起来很可怕，其实是一个非常简单的概念，一旦理解，你就可以用它来给你的朋友留下深刻的印象。当你开始寻找它的时候，你会发现它无处不在。

选择性偏差在经济模型和许多其他统计领域都很重要。只要收集个人或群体的数据时，就会发生选择性偏差，但你做出的选择并不是完全随机的。如果你的经济模型需要对人加以选择，而这种选择有可能使结果出现偏倚，那么不管模型的其他部分设计得有多好，它的结果都没有什么价值。例如，有人曾就养老储蓄规则改变后人们准备怎么办的问题，调查了大量参与某养老金计划的人，并请我分析他们给出的回答。问题在于，向该基金存入养老储蓄的人存入的金额远远超过了英国普通水平，这必然导致选择性偏差——回应调查的人都非常富有，所以他们的回答并不能告诉你全体英国人的任何信息。选择性偏差本质上和第1章提出的问题是一样的，即调查的对象是否是合适的人。

另一个选择性偏差的例子是在2018年被揭露的，当时一名政府大臣在BBC 4台声称，因为被判社区服刑的人再次犯罪的可能性比被判短期监禁的人低，所以应该更多地使用社区服刑。但很明显，这种比较并不公平，因为法官更有可能对那些他们认为留在社区服刑比较安全的人做出社区服刑的判决，也就是说，法官认为他们再次犯罪的可能性更小。

2015年NHS周末死亡人数调查也是一个典型的例子。

10 经济模型

时任卫生大臣的杰里米·亨特为了让更多医生在周末上班,经常提到这项研究。研究者发现周末入院的人的确更有可能死亡,但他们同时警告不要将这些数字视为可避免的死亡人数。研究指出,常规手术不在周末进行,所以在周末只有急症病人才能办理住院。这意味着周末入院的病人可能比工作日入院的病人病情更重,这或许可以解释这种差异。

在基于某件事情的影响建立经济模型时,必须避免受到选择性偏差的影响。例如,假设你希望知道贸易协议是否对一国经济有利,你会考虑哪些贸易协议来帮助你做出判断呢?如果你有20年的时间,那么你可以看看英国在脱欧之后完成的那些交易,但这就会导致选择性偏差,因为第一批交易不具有随机性——可以理解,第一批交易的对象肯定是和英国之间贸易额最高的贸易伙伴国,或者是最容易达成交易的国家,或者是作为英国的欧盟成员国资格的一部分与英国达成了某种约定,并且现在愿意维持该约定的国家。无论是何种情况,我们都很难确定一笔交易是否是"正常的"交易。这种影响取决于许多因素,比如两国相距多远以及它们的富裕程度。所有这些都使得构建模型非常困难。

假设你正在研究迁居对就业和薪资的影响。你可以通过观察一个有大量迁居人口的地区来了解那里的就业和薪资发生了什么变化。但人们不会随机选择迁居目的地——他们往往会去那些就业机会多、薪资水平高的地方，因此本身就有选择性偏差。

我在第7章讨论的随机对照试验也是一个因素。如果你想知道迁居对就业和薪资的影响，就必须通过随机选择，安排一组人去就业机会很多的地方，另一组人去就业机会不多的地方，然后看看会有什么结果。人们往往不会自愿参加这类研究。如果这意味着他们可能会被派到就业机会稀缺的地方去找工作，就更不会自愿参加了。

另一个办法是利用所谓的自然实验（natural experiment），例如，观察当政局动荡或冲突导致许多人出于除有利的就业市场以外的其他原因大量移居到一个国家时会发生什么。柏林墙倒塌后德国人从东向西的迁移就是一个例子，20世纪60年代法国侨民从阿尔及利亚返回法国也是一个例子。但即便是这些自然实验，也会导致其他一些问题，比如，企业会迁往有大量迁居人口涌入的地区，以利用当地的劳动力供应。

和第7章讨论的相关性及因果关系问题一样，考虑经济模型时还需要思考另外一个问题：这里还发生了什么？例如，假设你看到的是调查母乳喂养时间长是否对婴儿后期教育或健康有好处的研究。记住，至少在发达国家，高收入家庭的母亲坚持母乳喂养的时间往往更长一些。也就是说，她

10 经济模型

们的孩子在出生时就已经占得先机。

在选择调查样本时，会出现一些选择性偏差，但你可以在几乎所有的回答中发现这些偏差。2018年，你可能收到过很多跟《欧盟数据保护通用条例》（GDPR）有关的电子邮件，询问你都不记得自己曾经联系过的组织是否可以将你的资料保存在它们的数据库中。如果你像我一样，你可能也会马上回复其中一两封你特别感兴趣的邮件，而将其余的邮件都抛之脑后。如果你是某个组织中负责GDPR政策的人，那么你在寄出那些邮件后的第一天，就会阅读你收到的回复。然后，你也许会发现5%的人回复了邮件，其中有3/4的人希望你继续联系他们。这是一个非常合理的数据，除非你想用它做点儿别的什么。你能断定你目前有联系的那些人中有3/4的人希望继续收到你的邮件吗？当然不是——第一天回复你的是对你所做的事情特别感兴趣的那些人。而第一天过后，你可能再也收不到任何回复了。我的一些朋友参与了所在机构的GDPR达标工作，据他们说，这种情况并不罕见。

达莱尔·哈夫在《统计数据会说谎》一书中给出了一个选择性偏差的例子：如果你向成千上万的人发送问卷，问他们是否喜欢填写问卷，会得到什么结果？你认为有多少人会不厌其烦地把问卷寄还给你，告诉你他们不喜欢填写问卷呢？

看到一个模型，我们应该想一想选择性偏差可能对它产生了怎样的影响。模型研究的那个效果很难测量吗？尤其要想一想它是否需要人们做出某种决定。做决定的人几乎肯定会导致选择性偏差，不管他们决定的问题是他们是否应该移民到另一个国家工作，是否应该继续母乳喂养孩子，还是他们是否觉得回复邮件很麻烦。

模型中的假设合理吗？

BBC"现实核查"小组有句名言：你无法对未来进行事实核查。人们总是对事物做出预测——预测有可能对，也有可能错。他们可能碰巧做出正确的预测，但他们的方法与研究人员预测时的那些步骤毫无相似之处。不仅是现在不知道这些预测是否正确，而且几乎肯定我们永远也不会知道。警告未来将出现某种可怕情况的人可能会说，由于他的警告，人们已经采取行动防止这种可怕情况发生。

英国财政部报告中的4 300英镑不是一个统计数字，而是基于经济模型的预测。有很多方法可以检验某个经济模型基本上是否合理，但首先你需要考虑一下你是否希望受到经济模型的影响。一些组织利用经济模型进行预测，是因为它们必须这样做才能为自己的决策提供参考，才能制订支出计划。他们尽可能地做出最可信的估算,并根据估算结果做决定。使用经济模型的不仅仅是政府。例如,有时候你会看到一则广告鼓励你支持某个慈善机构,理由是食品价格将会翻番,这就是基于经济模型得出的结论。

如果你愿意接受模型的影响,那我首先要告诉你这里面的情况非常复杂。在英国脱欧公投运动期间为确定脱欧会产生何种影响而建立的模型尤为复杂,因为其中有太多的未知因素。我们不知道英国在脱欧后能签订什么样的贸易协议,谈判会进行多长时间,英国能省下多少欧盟预算分摊金额,节省下来的这笔钱将用在何处,英国政府制定的那些规章制度与被它们取代的欧盟的规章制度孰优孰劣,所有这些对英国经济会产生什么样的影响。我们也不知道脱欧会让我们觉得英国经济前景美好,还是会让我们产生相反的感觉。

但特别困难的是,模型是基于过去某些事件对经济的影响而建立的。我们知道加入自由贸易区往往会促进贸易和经济增长,但我们不知道离开自由贸易区会有什么影响,因为几乎没有这样的先例。因此,经济学家在建立模型时回顾了历史上各大帝国的解体过程。最终,围绕公投的大多数模型都确定了一个基本思想:如果加入自由贸易区有利于贸易和经济增长,那么离开自由贸易区很可能会适得其反。

英国财政部使用的模型叫作"引力模型"(gravity

model），它通常用于研究双边贸易，可以根据两国之间的距离、语言是否相同以及富裕程度等因素来模拟双边贸易发生的变化。利用该模型，可以观察这些因素改变时双边贸易在一段时间里发生的变化。但在构建模型时，首先需要做出各种各样的假设，比如，如果货币贬值会有什么影响，或者，与一个国家签署自由贸易协定会导致英国与其他没有签订协定的国家的贸易量减少多少。在此基础上建立的模型对于这些假设以及它们所要判断的场景非常敏感。

户均4 300英镑这个数据来自财政部的长期分析，该部门还做了一些短期分析。结果表明，脱欧公投将立即造成深远的经济冲击，会把英国推入衰退，并导致失业率大幅上升。这种情况显然没有发生。这些预测之所以是错误的，有几个原因。第一个原因是，戴维·卡梅伦曾表示，在英国脱欧公投之后他将立即前往布鲁塞尔，根据《里斯本条约》第50条协议启动脱离欧盟的进程。结果，直到2017年3月底，也就是公投近一年后，脱欧进程才得以启动。第二个原因是，它假设脱欧公投将导致震惊的消费者减少支出，但它没有考虑到，如果消费者投票支持脱欧，他们可能就不会认为这是一件坏事。第三个原因是，它假设英国政府和英格兰银行不会采取任何行动来支持经济，实际上英格兰银行降低了利率并向英国经济注入了更多的资金。你会接受这些假设

10 经济模型

吗?人们有理由相信,英国首相将立即启动《里斯本条约》第50条。当时,许多评论人士指出,认为英国政府不会采取措施支持经济的假设是错误的。但我没有看到任何人指出有关消费者支出下降的假设存在问题。

英国财政部关于英镑将大幅贬值的预测是正确的,但它许多其他的短期预测都是错误的。这确实让我觉得英国财政部参与这种预测未必是一个好主意。我问一位在政府部门供职的统计学家是否担心他们的这些预测会减少公众对他们发布的其他数据(例如官方统计数据)的信心。他告诉我说,预测是经济学家做出的,而统计数据来自统计学家。我认为人们不会意识到这种区别。建立英国预算责任办公室,代表政府进行官方预测,并将政治因素排除在经济预测之外,这是一个非常好的想法。如果政府可以通过这个办法彻底避免参与预测,那么这也许真的是一个好主意。英国统计监管机构正试图放宽自己的管理法则,将并不真正属于统计范畴的东西(例如经济模型)也纳入其中,以防止政府部门的预测和发布的其他数据对其声誉造成损害。

我们很有必要区分统计学家和经济学家的职责范围,即使做不到非常精确——官方统计数据的背后有时能看到经济学家的身影,而统计学家有时也会参与建立模型和预测工作。尽管如此,我还是觉得奇怪,为什么几乎所有新闻机构都有经济记者？据我所知，只有两家有统计编辑。

其中一家是《金融时报》。我见过它的统计主管，当时BBC正准备临时性设立一个统计学岗位。我套用了他的头衔，不过我事先征询过他的意见。现在，BBC除了有经济编辑和经济记者外，还有一个固定的统计主管，我认为这对BBC涉及各类数字的报道有很大的影响。

我们应该忽略经济模型的预测吗？乔治·博克斯（George Box）是20世纪最伟大的统计学家之一。他说："所有的模型都是错的，但有的模型能发挥一些作用。"模型给出的精确数字，无论是每年4 300英镑这个数字还是英国财政部早先宣布的苏格兰留在英国会让苏格兰人均年收入增加1 400英镑的说法，可能都没有多大价值，但模型预测的方向和它给出的某些假设还是值得我们关注的。

对此，我在事实核查网站"Full Fact"的朋友有一个比喻：如果医生告诉你不要吃垃圾食品，因为它会让你变胖，你可能会听，即使她不能确切地告诉你明年这个时候你的体重是多少。只要你接受模型的假设，就有可能接受模型指出的前进方向。

与调查一样，对于经济模型，我们首先要看是谁进行了这项研究，谁为研究埋单。如果委托方是某个竞选团体，那么你对模型取得的发现有一些怀疑是可以理解的，但要记

10 经济模型

住,独立团体和有偏见的团体一样,也有可能犯错误。

接下来,还要看一看模型所基于的假设。这个领域的报告应该毫无隐瞒地公开他们的假设和模型遵循的原理——如果没有,就不要相信他们。如果他们做到了这一点,那么你可以看看你是否认为他们过于乐观或过于悲观。另外,看看报告中对不确定性的描述——英国财政部的报告都明确指出了他们模型中的不确定性。任何声称确切知道未来情况会如何发展的人都在撒谎。请记住,如果你不需要使用经济模型就可以做出决定,那么你可以自行其是,不要受模型的任何影响。

两者之间有一个过渡区间。你可能认为你根据经济模型得出的数字并不是特别有用,但它所使用的假设可能有助于你回到最根本的原则上去。财政部模型遵循的首要原则是,他们相信贸易是一件好事,因为它让英国能够专注于自己擅长的事情,同时从其他更擅长生产这些产品的国家进口产品。因此,这些模型可能认为,欧盟成员国的身份会使英国更容易与最近的邻国和一些全球最富裕的经济体进行贸易。我在想,如果回到最根本的原则上但是没有这些数字的话,不知道会不会有效果——或许没有吧,因为两个阵营都有一些担任高级职务的人告诉我,媒体向他们施加了巨大压力,要求他们提供数字,而不仅仅是陈述理由。

只要这种压力存在，你就必须清楚地知道你可以通过什么方式去质疑模型抛给你的数字。核实这些研究是否能证实这些结论，再看看做了哪些假设。然后，想一想这些数字对你是否有用，是否有助于你更好地回到最根本的原则，以理解当前的状况。另外，还要考虑模型中提出的问题是否会导致选择性偏差——如果需要人做出决定，就有可能导致选择性偏差，在这种情况下，还需要看看经济学家对选择性偏差的容许程度。如果这些方面都有问题，你也许可以忽略这些模型，不要让它们影响你的生活。

结 语

但是我真的需要这个数字

有的同事说，如果采纳我的建议，就没有什么可报道的了。我觉得，如果你刚刚读过的这10章将你准备报道的内容一一否决的话，那么取消新闻，改成播放经典卡通片，未必不是一个好的选择。1930年4月18日晚上8点45分，BBC新闻报道的播音员宣布"没有新闻"，接下来的15分钟播放的是钢琴曲。而今天，我们已经很难想象会发生这样的事了。

当然，承诺统计稳健性并不意味着放弃所有报道，而是意味着正确的报道方式。如果报道不是简单地重复新闻稿的内容，而是把目光投向最初的研究，那么你的报道就会有所不同，而且质量通常也会好于所有竞争对手。

这适用于运用数字的所有场合，不仅仅是新闻报道。马克·吐温说谎言可以分为三种——谎言、该死的谎言和统计数据，并称（未必正确）这一说法来自本杰明·迪斯雷利。大多数统计学家都不喜欢这个说法。一个原因是，我们很难想象统计数据如何能说谎。我认为，统计数据有可能不准确，但说谎是离不开文字的。通常，重要的不是数字，而是数字旁边的那些文字。

有时，尽管那些统计数据不尽如人意，你也不得不使用，因为它们是你能找到的最可靠的数据。这时候，你就会发现重要的确实是那些文字，而不是数字本身。BBC的"维多利亚德比郡"节目组找到我，希望我能帮助他们的团队进行一些有关男性性工作者经历的研究。研究人员想方设法，得到了大约120名男性性工作者的回答，但这不是一个容易调查的群体，我们相信这已经是我们能得到的最大样本。第1章对调查的讨论告诉我们，120个调查对象远不足以对全体男性性工作者做出一般性陈述，但只要我们谨慎斟酌用词，这项研究还是有一些价值的。

我非常支持择优利用研究结果的做法，但前提是你要告诉读者。请记住一条经验法则：大声说出这些数据的详细来源和它们所涵盖的范围，如果你不觉得荒谬，那么它们很可能就没有问题。在这种情况下，你可以说，一项对120名性工作者的调查发现在统计针对他们实施的犯罪行为时有相当大的漏报，希望看到该调查报告的所有人都能理解，这不是一个容易调查的群体。

同样，虽然你已经知道成本计算不是一门精确的科学，

结　语

但是在某些领域，相比较而言最可靠的估计数字还是有一定价值的。假设你是一名政客，正在决定是否要批准一个大型基础设施项目，或者假设你在工作中遇到一个投资决策，那么你可能需要一些数据来帮助你做出这个决定。基于证据做决策是对的，但是你应该想一想，假设你看到的是一个完全错误的成本计算结果，那么批准这个项目会不会是一个非常糟糕的决定。不妨给自己设定一个合理的误差限度，估计一下未来的成本和收益。

在上述情况下，你可能会借助一些经济模型来做决定。你需要研究这些模型的作用原理，看看它们是根据什么得出这些估计数字的。即使你对总体结论持怀疑态度，其中某些部分也可能有助于你根据证据完成决策。想一想，如果你接受了模型的建议，结果这些建议是错误的，你会面临什么样的风险。

告诉别人你做了什么决定时，一定要组织好语言，把你所使用的数字中的不确定性明确地告诉对方。请记住，政府的统计数据几乎都不是一个一个数出来的，它们大多是基于抽样的估计数字——确保在你的语言中反映出这一点。只有真正了解某些数字的问题所在，你才能正确地使用你能找到的最可靠的数字。几年前，BBC波斯语频道的一位同事在报道伊朗预算报告时征求我的意见，因为他不完全相信报告中

211

的那些数字。我给的建议是不要把有问题的数字放在标题或其他显眼的位置，尤其不要把不确定的数字放进图表里。对于图表中的数字，不管你在文本中怎么强调这些数字有些可疑，读者往往都会深信不疑。这是我的经验。美国康奈尔大学也做过一些研究，发现人们更容易相信图表中的内容。

注意那些高危表述，检查那些具有相关性的事物是否真的有因果关系，还要注意是否有人用平均数和百分比来误导你。

从根本上说，这些问题很多都没有答案，但如果你了解这些问题，你就会占据优势。如果你知道某些统计数据的缺陷，你就会斟酌你的语言，以便利用你能找到的最可靠的数据，或者发现其他人在这方面做得欠缺的地方。

我希望读者能从本书中找到信心，敢于像质疑任何其他证据一样去质疑数字。能做到这一点，你就真的可以判断一个数字、一个说法或一篇新闻报道是否合理可信了。

致　谢

非常感谢我已故的父亲——布赖恩·鲁本教授，他教会了我通过合理可信程度来思考问题。在他去世之前，我们就在计划合著一本书，讨论成本计算为什么不可信的问题。我还要感谢我的母亲，她教会了我很多东西，而且这本书就是在她的家里完成的。感谢妻子苏珊给予我的爱，还有她在整个创作过程中给予的支持和建议，更不用说她还一字一句地阅读了书稿并给出了有益的评论。我的孩子艾萨克、艾米丽和博阿斯教导我，在回答问题时要全神贯注。

我的代理人、来自LAW公司的本·克拉克从一开始就对这个项目充满热情，并在理解的基础上，娴熟地引导我完成了创作。从我见到我的编辑、Constable出版社的克莱尔·切瑟的那一刻起，我就知道她非常优秀，并期待和她合作。校订编辑霍华德·沃森指出我使用了太多的形容词。我很高兴，因为之前从来没有人提醒过我这个问题。

至少10年来，我一直在英国广播公司从事统计稳健性方面的工作，其间得到了很多人的帮助。我尤其要感谢乔纳森·贝克，他想方设法为我找到了资金，让我在BBC担任了18个月的首任统计主管。罗伯特·卡夫现在接过了这一重任。从统计学这个方面看，他完全能够胜任。目前，他正在以惊人的速度学习如何成为一名记者。

打造"现实核查"品牌的过程充满了乐趣，这一切都离不开乔纳森·佩特森、亚历克西斯·康登、塔玛拉·科瓦切维奇、雷切尔·施雷埃尔、彼得·巴恩斯、汤姆·埃金顿、朱丽叶·德怀尔、莉兹·科尔宾、鲁珀特·凯里、克里斯·莫里斯和一大批知识渊博的研究人员。感谢我在英国国家统计局的朋友们，特别是新闻处的朋友们，是他们让我成为这个国家最幸福的记者。如今已退休的英国国家统计局前主任格伦·沃森在我刚刚担任统计主管时给予我巨大支持，先后借调了杰米·詹金斯和斯蒂芬·豪沃思，帮助我开展工作。我还要感谢英国皇家统计学会的每一个人，一直以来他们都大力支持我。

感谢马克·韦伯提供的关于编造数字的那个笑话，感谢理查德·波斯纳把我的注意力引向了诺丁汉的犯罪统计数据，感谢珍·克拉克找出了所有的双黄蛋。本书中使用的一些例子得益于丹尼尔·武尔坎、萨拉·劳瑟和尼克·布莱恩的指引。

有几个人欣然同意阅读本书的全部或部分草稿，并提出

致　谢

了有益的建议。最早阅读书稿的有我的弟弟戴维,他是我知道的最执着的"数字狂",还有阿迪·布鲁姆,他是最执着的语法狂。科琳娜与本·谢里夫夫妇、戴维·考林、戴维·森普特、罗伯特·卡夫和马尔科姆·巴伦的专业知识和合理建议也让我受益匪浅。

当然,本书中的任何错误都是我的责任,期待眼尖的读者帮我找出错误。